全世界无产者，联合起来！

纪念马克思诞辰**200**周年

马克思恩格斯著作特辑

马克思恩格斯论中国

中共中央　马克思　恩格斯　著作编译局编译
　　　　　列　宁　斯大林

人民出版社

编 辑 说 明

2018 年 5 月 5 日,是马克思诞辰 200 周年。在人类历史上,马克思是对世界现代文明进程影响最深远的思想家和革命家。他和恩格斯共同创立的科学理论体系,是人类数千年来优秀文化的结晶,是工人阶级及其政党的行动指南,是中国人民为实现中华民族伟大复兴而团结奋斗的思想基础。为了缅怀和纪念这位伟大的革命导师,推进新时代马克思主义中国化、时代化、大众化事业,我们精选了马克思和恩格斯在各个时期写的具有代表性的重要著作,编成《马克思恩格斯著作特辑》,奉献给广大读者,以适应新形势下学习和研究马克思主义理论的需要。

《马克思恩格斯著作特辑》的编辑宗旨是面向实践、贴近读者,坚持"要精、要管用"的原则,既涵盖马克思主义哲学、政治经济学和科学社会主义的理论体系,又体现马克思和恩格斯创立和发展科学理论的历史进程;既突出他们对国际共产主义运动和民族解放运动的正确指导和有力支持,又反映他们对中华民族发展前途的深情关注和殷切期望。

《马克思恩格斯著作特辑》包含《共产党宣言》和《资本论》等14部著作的单行本或节选本,此外还有一部专题选编本《马克思恩格斯论中国》。所有文献均采用马克思恩格斯著作最新版本的译文,以确保经典著作译文的统一性和准确性。自1995年起,由我局编译的《马克思恩格斯全集》中文第二版陆续问世,迄今已出版29卷;从2004年起,我们又先后编译并出版了《马克思恩格斯文集》十卷本和《马克思恩格斯选集》第三版。《马克思恩格斯著作特辑》收录的文献采用了上述最新版本的译文;对未收入上述版本的马克思恩格斯著作的译文,我们按照最新版本的编译标准进行了审核和校订。

《马克思恩格斯著作特辑》采用统一的编辑体例。我们将马克思、恩格斯在不同时期为一部著作撰写的序言或导言编排在这部著作正文前面,以利于读者认识经典作家的研究目的、写作缘起、论述思路和理论见解。我们还为一些重点著作增设了附录,收入对领会和研究经典著作正文有重要参考价值的文献和史料。我们为每一本书都撰写了《编者引言》,简要地综述相关著作的时代背景、思想精髓和历史地位,帮助读者理解原著、把握要义;同时概括地介绍相关著作写作和流传情况以及中文译本的编译出版情况,供读者参考。每一本书正文后面均附有注释和人名索引,以便于读者查考和检索。

《马克思恩格斯著作特辑》的技术规格沿用《马克思恩格斯全集》中文第二版的相关规定:在目录和正文中,凡标有星花﹡的标题都是编者加的;引文中尖括号〈 〉内的文字和标点符号是马克思、恩格斯加的,引文中加圈点处是马克思、恩格斯加着重号的地方;目录和正文中方括号[ ]内的文字是编者加的;未注明"编者注"的脚注是马克思、恩格斯的原注;人名索引的条目按汉语拼音字母顺序排列。

自2014年以来,由我局编译的《马列主义经典作家文库》陆续问世。这部《马克思恩格斯著作特辑》所收的文献,均已编入《文库》,特此说明。

中共中央 马克思 恩格斯 著作编译局
列 宁 斯大林

2018年2月

目 录

插　　图

编 者 引 言

　　《马克思恩格斯论中国》汇辑了马克思和恩格斯有关中国的文章和论述。全书分为两个部分,第一部分是专题文章汇编,第二部分是重要论述辑录。

一

　　中国是马克思和恩格斯在理论研究和革命实践中长期关注的国家。早在19世纪四十年代,马克思和恩格斯在创立唯物史观和科学社会主义理论的过程中,就十分重视我们这个东方文明古国的最新变化和发展趋势。他们对中国社会情况的整体把握和深入思考,生动地反映在《德意志意识形态》、《共产主义原理》和《共产党宣言》等重要著作中。在论述人类历史由相互隔绝的民族和地域的历史演变为世界历史的进程时,在考察资产阶级开拓世界市场、推行殖民主义政策的动因与后果时,在阐明无产阶级革命与民族解放运动之间的紧密联系时,马克思和恩格斯常常将中国作为典型例证,指出中国的历史性变化对中华民族和整个世界产生的深刻影响。

确实,正是在这一时期,中国历史发生了前所未有的重大转折。1840—1842 年,英国对中国发动第一次鸦片战争。1856—1860 年,英国又勾结法国对中国发动第二次鸦片战争。随着资本主义势力的入侵,中国社会的性质开始发生根本性的变化,独立的封建的中国逐渐演变为半殖民地半封建的中国,中国人民逐步走上了反帝反封建的斗争道路。

鸦片战争是中国近代史的起点,也是马克思和恩格斯集中分析中国问题的着眼点和切入点。他们正是围绕两次鸦片战争的起因、进程、直接后果以及在世界范围造成的广泛影响,对涉及中国社会变革的时代条件、民族特征和国际环境等一系列重要问题进行了深刻的论述。他们毕生都在关注中国,在包括《资本论》及其手稿在内的理论著作和许多时评、笔记和书信中,他们一再提到中国,一方面用唯物史观和唯物辩证法对中国经济、政治和文化特征进行分析,指出近代中国陷于停滞、走向衰落以致惨遭西方列强蹂躏的原因;一方面对深受压迫、奋起斗争的中国人民表示同情和支持,预言中华民族必将走向光辉的未来。

马克思和恩格斯在中国历史转折关头所作的一系列科学判断和精辟论述,对于我们深刻领会马克思主义的立场、观点和方法,正确认识中国近现代史的主流和本质、经验和教训,从而全面理解中国人民在艰辛探索中所作的历史选择,毫不动摇地坚持中国特色社会主义道路,具有十分重要的意义。他们对中华民族寄予的殷切期望,在近代以来中国人民前仆后继的斗争中,特别是在中国共产党领导的革命、建设和改革事业中一步一步变成现实。他们创立的科学理论,在中国人民的伟大实践中得到了创造性的运用和发展,必将指引我们走向更加灿烂辉煌的明天。

二

本书第一部分选编了马克思和恩格斯从 1853 年 5 月至 1862 年 7 月撰写的有关中国的 18 篇文章,这些文章大都刊载于美国的《纽约每日论坛报》;只有一篇文章,即马克思的《中国记事》,发表于奥地利维也纳出版的《新闻报》。

马克思和恩格斯的这些文章,写于 1848—1849 年革命失败后欧洲各国统治阶级对工人运动进行镇压的反动时期。当时各种革命民主主义的报刊几乎全部遭到取缔。在这种情况下,马克思和恩格斯利用美国进步报纸《纽约每日论坛报》约请马克思担任驻伦敦通讯员的机会,在该报发表了大量的时评和政论。本书选编的就是这些时评和政论中直接论述中国问题的文章。这些文章同马克思和恩格斯在 19 世纪五十年代为总结 1848—1849 年革命经验而撰写的科学社会主义论著一样,贯穿着一条历史唯物主义的红线。

在这些文章中,马克思和恩格斯从经济、政治和文化角度分析了近代中国社会的特点,揭露了英、法、俄、美等国对华战争的侵略本质和血腥暴行,谴责西方列强通过极不平等的贸易、虚伪狡诈的外交和凶残酷虐的暴力对中华民族进行的掠夺和蹂躏。马克思和恩格斯深切同情中国人民遭受的苦难和屈辱,科学评价中国农民起义发生的原因和历史作用,热情支持中国人民为抵御列强侵略、捍卫国家主权、反抗封建压迫、争取民主自由而进行的正义斗争。他们对中国革命寄予殷切期望,指出它必将对欧洲革命产生重要影响,并且满怀深情地预言:随着中华民族的重新崛起,整个亚洲将升起历史新纪元的曙光。

在《英中冲突》、《议会关于对华军事行动的辩论》、《英人在华的残暴行动》等文章中,马克思和恩格斯依据大量的外交公函、官方文件、议会记录和法律条文,以确凿无疑的事实揭露了英国政府发动对华战争的罪恶目的和策划过程,戳穿了资产阶级政客为掩盖真相而制造的谎言和骗局。他们指出,"这场极端不义的战争"是在根本"站不住脚的借口下发生的"(见本书第 54 页);英国政府为挑起战争而制造事端,颠倒黑白,混淆视听,欺骗公众。鉴于英中冲突的"实情也被议会中的花言巧语歪曲得面目全非,以至使那些真正想弄清这个问题真相的人深受其误"(见本书第 52 页),马克思和恩格斯不厌其详地向公众介绍了各种重大事件的始末和细节,有理有据地指出:在这场冲突中,正义在中国一方,中国人在尊重客观事实的前提下维护自己的正当权益,因此"中国人的雄辩""显然无懈可击"(见本书第 24 页);而英国一方则蛮横无理,出尔反尔,用极其"虚伪和空洞"的理由"为施于中国人的残暴行为进行辩护"(见本书第 54、51 页)。针对英国政府对中方的非难,马克思和恩格斯义正词严地指出:"这些不分青红皂白的说法是毫无根据的。英国人控告中国人一桩,中国人至少可以控告英国人九十九桩"(见本书第 54 页)。这些论述昭示了马克思和恩格斯捍卫道义和真理的鲜明立场。

在《欧洲的金融危机。——货币流通史片段》、《帕麦斯顿内阁的失败》、《英国即将来临的选举》、《鸦片贸易史》、《英中条

约》、《新的对华战争》、《对华贸易》、《英国的政治》、《中国记事》
等文章中,马克思和恩格斯援引大量文献资料,列举各种统计数
据,以铁的事实揭露了英国的鸦片贸易给中国造成的严重危害,指
出"这种触目惊心的贸易""无论就可以说是构成其轴心的那些悲
惨冲突而言,还是就其对东西方之间一切关系所发生的影响而言,
在人类历史记录上都是绝无仅有的"(见本书第69页)。英国的
鸦片贸易不仅造成中国白银大量外流,导致银源枯竭、国库空虚,
以至整个国家出现财政危机,经济濒临崩溃,而且使中国人的体质
和精神受到严重损害,"非法的鸦片贸易年年靠摧残人命和败坏
道德来填满英国国库"(见本书第54页)。因此,马克思和恩格斯
强调指出,中国人民强烈反对鸦片贸易,这是天经地义的行动;而
英国政府面对中国的禁烟举措,竟用"海盗式的借口"对中国采取
"海盗式的敌对行动",进而以"海盗式掠夺精神"对中国悍然发动
"海盗式的战争"(见本书第80、99、56、79页),这是资产阶级为维
护自身统治地位而对人类尊严进行的粗暴践踏。"海盗"一词,在
马克思和恩格斯的文章中屡次出现。他们认为只有用这个词来形
容道貌岸然的英国政府才最准确、最贴切。

马克思和恩格斯将英国发动的两次鸦片战争称作"无比残忍
的蹂躏屠杀"(见本书第58页),将战争的发动者称作"把炽热的
炮弹射向毫无防御的城市、杀人又强奸妇女的文明贩子"(见本书
第64页),指出英国资产阶级政府"在对中国人的关系上把战争
的所有国际法准则破坏无遗"(见本书第120页)。他们愤怒地揭
露了英军在中国境内的血腥暴行:"英国军人只是为了取乐而犯
下滔天罪行;他们的狂暴既不是被宗教狂热所驱使,也不是由对专
横暴虐的征服者的仇恨所激起,也不是因英勇的敌方的顽强抵抗

而引起。他们强奸妇女,枪挑儿童,焚烧整个整个的村庄,完全是卑劣的寻欢作乐。"(见本书第 142 页)

马克思和恩格斯还进一步指出,英国政府之所以发动战争,就是为了强占海外市场,掠夺资源财富,满足资产阶级的贪欲,进而将中国变成英国的殖民地;尤其是在英国国内出现经济衰退和金融危机的情况下,在社会冲突和阶级斗争日趋尖锐的形势下,英国政府更是迫不及待地挑起战争,以牺牲被压迫民族的正当权益为手段,牟取经济暴利,转移国内视线,企图以此来稳固资产阶级的政治统治,积聚镇压无产阶级革命运动的力量。这些论述深刻地揭示了资本主义国家发动侵略战争的根本原因。

在这些文章中,马克思和恩格斯还揭露了资产阶级新闻的本质特征,义正词严地为中国人民的正义斗争辩护。他们认为,中英双方在两次鸦片战争期间的是非曲直,本来是十分清楚的,"每一个公正无私的人在仔细研究了香港英国当局同广州中国当局之间往来的公函以后,一定会得出这样的结论:在全部事件过程中,错误是在英国人方面。"(见本书第 21 页)然而在当时,欧美公众获得的却是完全相反的印象。人们几乎普遍认为,是"中国人违背条约的义务、侮辱英国的国旗、羞辱旅居中国的外国人"(见本书第 52 页),是"中国人的挑衅行为危及英国人的生命和财产"(见本书第 54 页),这才使英、法、美等国忍无可忍、退无可退,不得不采取所谓自卫行动。马克思和恩格斯指出,公众的错误印象主要起因于英国媒体《泰晤士报》《每日电讯》《笨拙》和《经济学家》以及法国、美国某些报刊蓄意传播的错误信息。他们对西方新闻界颠倒黑白、欺世惑众的卑劣手法表示强烈的义愤和蔑视,一针见血地指明那些道貌岸然、假装公正的西方报刊自觉充当了资产阶级政府"最卑鄙的走卒"（见本书第 86 页），是战争罪行的"最忠实的辩护者"（见本书第 75 页），是当面撒谎而毫不羞愧的"小丑"（见本书第 44 页）。

马克思和恩格斯没有仅限于声讨和谴责。他们高度重视新闻的作用。为了澄清事实，以正视听，他们在文中用大量的篇幅对西方媒体散布的谣言逐条予以批驳，对它们偷梁换柱、瞒天过海的手段逐一加以揭露。马克思和恩格斯尖锐地指出："英国报纸对于旅居中国的外国人在英国庇护下每天所干的破坏条约的可恶行为真是讳莫如深！非法的鸦片贸易年年靠摧残人命和败坏道德来填满英国国库的事情，我们一点也听不到。外国人经常贿赂下级官吏而使中国政府失去在商品进出口方面的合法收入的事情，我们一点也听不到。对那些被卖到秘鲁沿岸去当不如牛马的奴隶、被卖到古巴去当契约奴隶的受骗契约华工横施暴行'以至杀害'的情形，我们一点也听不到。外国人常常欺凌性情柔弱的中国人的情形以及这些外国人带到各通商口岸去的伤风败俗的弊病，我们一点也听不到。"（见本书第 54 页）那么，公众通过传媒听到的是什么呢？是对"背信弃义"的中国人的谴责，是对"仁至义尽"的英国政府及其鹰犬的赞颂，是"声嘶力竭的战争叫嚣"（见本书第 105 页）。

马克思和恩格斯指出，西方媒体这样做的目的，就是诱导西方普通民众相信政府的决策是正确的，让他们"把政府和报纸塞给公众的一切胡说吞咽下去"（见本书第 54 页）。西方媒体如此卖力地为政府效劳，是受政治立场和经济利益的驱动，用马克思和恩格斯的话来说就是：这些报刊"都被黄金的链条和官方的链条同现政府紧连在一起"（见本书第 44 页）。这个鞭辟入里、入木三分的警句,是对西方资产阶级媒体本质特征的最简洁、最准确的概括。

马克思和恩格斯深刻地分析了近代中国走向衰落、以至在鸦片战争中惨遭失败的原因。他们指出:"满族王朝的声威一遇到英国的枪炮就扫地以尽,天朝帝国万世长存的迷信破了产"(见本书第6页),其根本原因就在于古老中国的"社会基础停滞不动,而夺得政治上层建筑的人物和种族却不断更迭"(见本书第122页);"依靠小农业与家庭工业相结合而存在的中国社会经济结构"(见本书第111页)只能维持低下的生产力水平,落后的生产方式必然阻碍经济和技术的发展,"以手工劳动为基础的中国工业经不住机器的竞争。牢固的中华帝国遭受了社会危机。"(见本书第133页)因此,这个国家根本没有经济实力和军事实力来抵御列强的侵犯。封建朝廷在战争失利之后,只能在外来侵略势力威逼下签订丧权辱国的不平等条约,以求在风雨飘摇中苟延残喘。

同上述根本原因相联系,马克思和恩格斯还揭示了两个导致中国方面失败的直接原因。

一是中国政府长期实行闭关锁国政策。马克思和恩格斯生动地指出了这种政策的必然后果:"与外界完全隔绝曾是保存旧中国的首要条件,而当这种隔绝状态通过英国而为暴力所打破的时候,接踵而来的必然是解体的过程,正如小心保存在密闭棺材里的木乃伊一接触新鲜空气便必然要解体一样。"(见本书第8页)他们还切中肯綮地指出:"一个人口几乎占人类三分之一的大帝国,不顾时势,安于现状,人为地隔绝于世并因此竭力以天朝尽善尽美的幻想自欺。这样一个帝国注定最后要在一场殊死的决斗中被打垮。"(见本书第70—71页)在马克思和恩格斯看来,"人为地隔绝于世"的政策不仅阻碍了经济发展、科技进步和政治变革,而且对人们的思维方式和文化心理造成了负面影响;昧于时势、安于现状、惯于因循、耽于幻想甚至甘于自欺的精神状态,就是这种负面影响的突出表现,而这正是近代中国走向衰落的一个重要原因。

二是中国政治制度腐朽,各级行政机构中腐败现象严重。马克思和恩格斯指出,中国是这样一个帝国:"它很腐败,无论是控制自己的人民,还是抵抗外国的侵略,一概无能为力。"(见本书第88页)许多官员在国家危难之际不是心忧天下、克己奉公,而是乘机渔利、收受贿赂,"帝国当局、海关人员和所有的官吏都被英国人弄得道德堕落。侵蚀到天朝官僚体系之心脏、摧毁了宗法制度之堡垒的腐败作风,就是同鸦片烟箱一起从停泊在黄埔的英国趸船上被偷偷带进这个帝国的。"(见本书第71页)马克思和恩格斯认为,"随着鸦片日益成为中国人的统治者,皇帝及其周围墨守成规的大官们也就日益丧失自己的统治权"(见本书第6页);既然统治中国的是这样一个腐败无能的中央政府和这样一支腐败无能的官僚队伍,那么,即便这个国家拥有足够的经济和军事实力,即便中国军队"决不缺乏勇敢和锐气"(见本书第58页),也根本不可能改变战败的结局。

马克思和恩格斯用事实表明,中国近代史是以中华民族任人宰割的一系列悲惨事件为其开端的。他们当时很关注中俄关系,因为这也是中国人民遭受苦难和屈辱的一个典型例证。在《**中国和英国的条约**》、《**俄国在远东的成功**》、《**俄国的对华贸易**》等文章中,马克思和恩格斯揭露了沙皇俄国侵夺中国领土和财富的野心和阴谋。他们指出,俄国人借英国和法国发动侵华战争之机,强迫中国政府签订了"一个使它有权沿黑龙江航行并在陆上边界自由贸易的条约",继而又"获得了鞑靼海峡和贝加尔湖之间价值无量的地域"(见本书第86页),"夺取了中国的一块大小等于法德两国加在一起的领土和一条同多瑙河一样长的河流"(见本书第88页)。马克思和恩格斯还揭露了沙皇政府狡诈的外交手腕:"当英国和法国对中国进行一场代价巨大的斗争时,俄国保持中立,到战争快结束时才插手干预",它"以处于弱者地位的中国人的无私保护人身份出现,而且在缔结和约时俨然以调停者自居"(见本书第88页),结果,"英、法所得的一切明显利益,不管是什么,俄国都有份,而且俄国还得到了黑龙江边的整个地区,这个地区是它早已悄悄占领的"(见本书第90页)。

马克思和恩格斯认为,积贫积弱的中国如果不进行彻底的变革,将很难再自立于世界民族之林。在列强从海上和陆路同时对中国大举进犯的形势下,马克思和恩格斯深刻地指出:"有一点是肯定无疑的,那就是旧中国的死亡时刻正在迅速临近"(见本书第66页);"中国,这块活的化石"正面临着一场翻天覆地的革命,西方列强运来的"鸦片没有起催眠作用,反而起了惊醒作用"(见本书第122页),这个古老的东方国家只能而且必将在人民革命中获得新生。马克思和恩格斯坚信,中国的命运必须掌握在中国人民自己手中;在这个世界上,没有任何势力能充当中国的"拯救者"和"保护人"。

在《中国革命和欧洲革命》、《波斯和中国》、《英人对华的新远征》等文章中,马克思和恩格斯对中国人民反抗侵略和压迫的斗争表示热情支持和充分肯定。他们指出:在19世纪中叶的中国,"压抑着的、鸦片战争时燃起的仇英火种,爆发成了任何和平和友好的表示都未必能扑灭的愤怒烈火"(见本书第55页);"中国人普遍奋起反抗",用各种方式投入保卫祖国的斗争,他们运用的手段是"起来反抗的民族在人民战争中所采取的手段",因而是天经地义、可歌可泣的壮烈之举。(见本书第 65 页)针对英国报刊连篇累牍的污蔑和诽谤,马克思和恩格斯阐明了中国人民斗争的正义性质,强调"这是'保卫社稷和家园'的战争,这是一场维护中华民族生存的人民战争"(见本书第 64—65 页)。

西方列强和清朝政府给中国人民带来的双重压迫,以及这种由压迫引起的革命,是马克思和恩格斯考察中国问题时关注的一个重点。他们指出:"中国在 1840 年战争失败后被迫付给英国的赔款、大量的非生产性的鸦片消费、鸦片贸易所引起的金银外流、外国竞争对本国工业的破坏性影响、国家行政机关的腐化,这一切造成了两个后果:旧税更重更难负担,旧税之外又加新税。"马克思和恩格斯认为,"所有这些同时影响着中国的财政、社会风尚、工业和政治结构的破坏性因素,到 1840 年在英国大炮的轰击之下得到了充分的发展",因而革命的爆发是不可避免的事情。(见本书第 7 页)他们密切关注中国各地自鸦片战争以来发生的反抗风潮,特别是太平天国革命运动的崛起与发展。1853 年,在太平军攻占南京后两个月,他们就指出,"中国的连绵不断的起义已经延续了约十年之久,现在汇合成了一场惊心动魄的革命"(见本书第 6 页);尽管这场革命带有明显的历史局限性,但它动摇了清朝统治,打击了外国侵略者,对中国近代历史产生了深远影响。

在这个历史关头,马克思和恩格斯预言:旧中国死亡的时刻正在迫近,中华民族将以崭新的面貌屹立于东方,"过不了多少年,我们就会亲眼看到世界上最古老的帝国的垂死挣扎,看到整个亚洲新纪元的曙光"(见本书第 66 页)。与此同时,他们还强调指出,中国革命必将对英国并通过英国对欧洲发生重大影响。他们写道:"可以有把握地说,中国革命将把火星抛到现今工业体系这个火药装得足而又足的地雷上,把酝酿已久的普遍危机引爆,这个普遍危机一扩展到国外,紧接而来的将是欧洲大陆的政治革命。"(见本书第11页)在许多人看来,中国革命和欧洲革命是遥隔万里、互不相干的"两极"。马克思和恩格斯却以高瞻远瞩的眼光,使用"两极相联"(见本书第5页)这个包含着辩证法精神的朴素谚语,生动地说明了东方被压迫民族的解放斗争与国际无产阶级革命事业之间具有不可分割的联系,说明了中国革命必将对世界现代文明进步产生深远影响并作出卓越贡献。

本书第二部分精选了马克思和恩格斯从19世纪40年代至90年代撰写的各种著作和书信中有关中国的重要论述。这些论述涉及中华文明对世界的贡献、中国经济社会结构的特征和长期停滞的原因、资本主义势力的入侵和中华民族面临的挑战、鸦片战争的性质和中国历史的转折、西方列强侵略中国的罪恶行径和阶级本质、中国人民反抗侵略和压迫的斗争及其深远意义。我们将这些论述分为三辑,第一辑为19世纪40年代至60年代的著述中有关中国的论述;第二辑为《资本论》中有关中国的论述;第三辑为19世纪60年代至90年代的著述中有关中国的论述。所有论述均标明出处,以便读者查阅。

三

马克思和恩格斯有关中国的文章和论述,是他们留给后人的重要思想遗产,历来为各国研究者和出版者所关注。近一个世纪以来,围绕这一专题,俄、德、英、法等文种的选编本相继问世。1937年,莫斯科外国工人出版社首次用中文出版了《马克思恩格斯论中国》,翌年在我国以解放社名义重印。新中国成立后,这个专题选编本曾由人民出版社多次修订再版。

1997年,中央编译局在这个版本的基础上对马克思和恩格斯的相关文章和论述重新进行精选,编成《马克思恩格斯论中国》,由人民出版社出版。其中部分文章和摘录选自当时已经编译定稿的《马克思恩格斯全集》中文第二版相关卷次,采用了新译文;其余选自《马克思恩格斯全集》中文第一版的文章和摘录的译文,也都由编者根据原文作了校订。

本书吸收了1997年版的编译成果,是为适应读者学习和研究的需要而纂辑的《马克思恩格斯论中国》新版选编本。在文献选辑方面,我们参照了1997年版的编排方式,并作了进一步修订、补正和完善,同时增补和充实了《重要论述辑录》的内容。在译文方面,我们采用了《马克思恩格斯文集》、《马克思恩格斯全集》中文第二版以及《马克思恩格斯选集》第三版的最新译文,并在1997年版的基础上,对选自《马克思恩格斯全集》中文第一版的译文进行了审核和校订。

在编撰本书注释和人名索引时,我们参考了1997年版以及《马克思恩格斯文集》、《马克思恩格斯全集》中文第二版以及《马克思恩格斯选集》第三版所附的相关资料。凡涉及中国近代史重要事件、文献和人物的史料,我们都努力进行了查询和考证。

马克思恩格斯论中国

专题文章汇编

卡·马克思

中国革命和欧洲革命[1]

　　有一位思想极其深刻但又怪诞的研究人类发展原理的思辨哲学家①，常常把他所说的两极相联规律赞誉为自然界的基本奥秘之一。在他看来，"两极相联"这个朴素的谚语是一个伟大而不可移易地适用于生活一切方面的真理，是哲学家所离不开的定理，就像天文学家离不开开普勒的定律或牛顿的伟大发现一样。

　　"两极相联"是否就是这样一个普遍的原则姑且不论，中国革命②对文明世界很可能发生的影响却是这个原则的一个明显例证。欧洲人民的下一次起义，他们下一阶段争取共和自由、争取廉洁政府的斗争，在更大的程度上恐怕要决定于天朝帝国（欧洲的直接对立面）目前所发生的事件，而不是决定于现存其他任何政治原因，甚至不是决定于俄国的威胁及其带来的可能发生全欧战争的后果。这看来像是一种非常奇怪、非常荒诞的说法，然而，这决不是什么怪论，凡是仔细考察了当前情况的人，都会相信这一点。

---

① 黑格尔。——编者注
② 太平天国革命。——编者注

中国的连绵不断的起义已经延续了约十年之久，现在汇合成了一场惊心动魄的革命；不管引起这些起义的社会原因是什么，也不管这些原因是通过宗教的、王朝的还是民族的形式表现出来，推动了这次大爆发的毫无疑问是英国的大炮，英国用大炮强迫中国输入名叫鸦片的麻醉剂。满族王朝的声威一遇到英国的枪炮就扫地以尽，天朝帝国万世长存的迷信破了产，野蛮的、闭关自守的、与文明世界隔绝的状态被打破，开始同外界发生联系，这种联系从那时起就在加利福尼亚和澳大利亚黄金²的吸引之下迅速地发展起来。同时，这个帝国的银币——它的血液——也开始流向英属东印度。

在1830年以前，中国人在对外贸易上经常是出超，白银不断地从印度、英国和美国向中国输出。可是从1833年，特别是1840年以来，由中国向印度输出的白银，几乎使天朝帝国的银源有枯竭的危险。因此皇帝①下诏严禁鸦片贸易，结果引起了比他的诏书更有力的反抗。除了这些直接的经济后果之外，和私贩鸦片有关的行贿受贿完全腐蚀了中国南方各省的国家官吏。正如皇帝通常被尊为全中国的君父一样，皇帝的官吏也都被认为对他们各自的管区维持着这种父权关系。可是，那些靠纵容私贩鸦片发了大财的官吏的贪污行为，却逐渐破坏着这一家长制权威——这个庞大的国家机器的各部分间的唯一的精神联系。存在这种情况的地方，主要正是首先起义的南方各省。所以几乎不言而喻，随着鸦片日益成为中国人的统治者，皇帝及其周围墨守成规的大官们也就日益丧失自己的统治权。历史好像是首先要麻醉这个国家的人

---

① 道光帝。——编者注

New-York Tribune.

Vᵒ XIII....N° 3,794.   NEW-YORK, TUESDAY, JUNE 14, 1853.   PRICE TWO CENTS.

REVOLUTION IN CHINA AND IN EUROPE.

A most profound yet fantastic speculator on the principles which govern the movements of Humanity, was wont to extol as one of the ruling secrets of nature, what he called the law of the contact of extremes. The homely proverb that "extremes meet" was, in his view, a grand and potent truth in every sphere of life; an axiom with which the philosopher could as little dispense as the astronomer with the laws of Kepler or the great discovery of Newton.

Whether the "contact of extremes" be such a universal principle or not, a striking illustration of it may be seen in the effect the Chinese revolution seems likely to exercise upon the civilized world.

1853 年 6 月 14 日《纽约每日论坛报》报头及马克思的文章
《中国革命和欧洲革命》

民,然后才能把他们从世代相传的愚昧状态中唤醒似的。

中国过去几乎不输入英国棉织品,英国毛织品的输入也微不足道,但从 1833 年对华贸易垄断权由东印度公司[3]手中转到私人商业手中之后,这两种商品的输入便迅速地增加了。从 1840 年其他国家特别是我国[4]也开始参加和中国的通商之后,这两项输入增加得更多了。这种外国工业品的输入,对本国工业也发生了类似过去对小亚细亚、波斯和印度所发生的那种影响。中国的纺织业者在外国的这种竞争之下受到很大的损害,结果社会生活也受到了相应程度的破坏。

中国在 1840 年战争失败以后被迫付给英国的赔款、大量的非生产性的鸦片消费、鸦片贸易所引起的金银外流、外国竞争对本国工业的破坏性影响、国家行政机关的腐化,这一切造成了两个后果:旧税更重更难负担,旧税之外又加新税。因此,1853 年 1 月 5 日皇帝①在北京下的一道上谕中,就责成武昌、汉阳南方各省督抚减缓捐税,特别是在任何情况下均不准额外加征;否则,这道上谕中说,"小民其何以堪?"又说:

"……庶几吾民于颠沛困苦之时,不致再受追呼迫切之累。"[5]

这种措辞,这种让步,记得在 1848 年我们从奥地利这个日耳曼人的中国也同样听到过。

所有这些同时影响着中国的财政、社会风尚、工业和政治结构的破坏性因素,到 1840 年在英国大炮的轰击之下得到了充分的发展;英国的大炮破坏了皇帝的权威,迫使天朝帝国与地上的世界接

————————
① 咸丰帝。——编者注

触。与外界完全隔绝曾是保存旧中国的首要条件,而当这种隔绝状态通过英国而为暴力所打破的时候,接踵而来的必然是解体的过程,正如小心保存在密闭棺材里的木乃伊一接触新鲜空气便必然要解体一样。可是现在,当英国引起了中国革命的时候,便发生一个问题,即这场革命将来会对英国并且通过英国对欧洲发生什么影响?这个问题是不难解答的。

我们时常提请读者注意英国的工业自1850年以来空前发展的情况。在最惊人的繁荣当中,就已不难看出日益迫近的工业危机的明显征兆。尽管有加利福尼亚和澳大利亚的发现,尽管人口大量地、史无前例地外流,但是,如果不发生什么意外事情的话,到一定的时候,市场的扩大仍然会赶不上英国工业的增长,而这种不相适应的情况也将像过去一样,必不可免地要引起新的危机。这时,如果有一个大市场突然缩小,那么危机的来临必然加速,而目前中国的起义对英国正是会起这种影响。英国需要开辟新市场或扩大旧市场,这是英国降低茶叶税的主要原因之一,因为英国预期,随着茶叶进口量的增加,向中国输出的工业品也一定会增加。在1833年取消东印度公司的贸易垄断权以前,联合王国对中国的年输出总值只有60万英镑,而1836年达到了1 326 388英镑,1845年增加到2 394 827英镑,到1852年便达到了300万英镑左右。从中国输入的茶叶数量在1793年还不超过16 067 331磅,然而在1845年便达到了50 714 657磅,1846年是57 584 561磅,现在已超过6 000万磅。

上一季茶叶的采购量从上海的出口统计表上可以看出,至少比前一年增加200万磅。新增加的这一部分应归因于两种情况:一方面,1851年底市场极不景气,剩下的大量存货被投入

1852 年的出口;另一方面,在中国,人们一听到英国修改茶叶进口的法律的消息,便把所有可供应的茶叶按提高很多的价格全部投入这个现成的市场。可是讲到下一季的茶叶采购,情况就完全不同了。这一点可以从伦敦一家大茶叶公司的下面一段通信中看出:

"上海的恐慌据报道达到了极点。黄金**因人们抢购贮藏**而价格上涨 25% 以上。白银现已不见,以致英国轮船向中国交纳关税所需用的白银都**根本弄不到**。因此,阿礼国先生同意向中国当局担保,一俟接到东印度公司的票据或其他有信誉的有价证券,便交纳这些关税。从商业的最近未来这一角度看,**金银的缺乏**是一个最不利的条件,因为它恰恰是发生在最需要金银的时候。茶和丝的收购商有了金银才能够到内地去采购,因为采购**要预付大量金银,以使生产者能够进行生产**……每年在这个时候都已开始签订新茶收购合同,可是现在人们不讲别的问题,只讲如何保护生命财产,一切交易都陷于停顿……如不备好资金在四五月间把茶叶购妥,那么,包括红茶绿茶的精品在内的早茶,必然要像到圣诞节还未收割的小麦一样损失掉。"①

　　停泊在中国领海上的英、美、法各国的舰队,肯定不能提供收购茶叶所需的资金,而它们的干涉却能够很容易地造成混乱,使产茶的内地和出口茶叶的海港之间的一切交易中断。由此看来,收购目前这一季茶叶势必要提高价格——在伦敦投机活动已经开始了,而要收购下一季茶叶,肯定会缺少大量资金。问题还不止于此。中国人虽然也同革命震荡时期的一切人一样,愿意将他们手上全部的大批存货卖给外国人,可是,正像东方人在担心发生大变动时所做的那样,他们也会把他们的茶和丝贮存起来,非付给现金现银是不大肯卖的。因此,英国就不免要面临

---

① 　见 1853 年 5 月 21 日《经济学家》第 508 期。——编者注

这样的问题:它的主要消费品之一涨价,金银外流,它的棉毛织品的一个重要市场大大缩小。甚至《经济学家》**6**杂志,这个善于把一切使商业界人心不安的事物化忧为喜的乐观的魔术师,也不得不说出这样的话:

"我们千万不可沾沾自喜,以为给我们向中国出口的货物找到了同以前一样大的市场…… 更可能的是:我们对中国的出口贸易要倒霉,对曼彻斯特和格拉斯哥的产品的需求量要减少。"①

不要忘记,茶叶这样一种必需品涨价和中国这样一个重要市场缩小的时候,将正好是西欧发生歉收因而肉类、谷物及其他一切农产品涨价的时候。这样,工厂主们的市场就要缩小,因为生活必需品每涨一次价,国内和国外对工业品的需求量都要相应地减少。现在大不列颠到处都在抱怨大部分庄稼种植情况不好。关于这个问题《经济学家》说:

"在英国南部,不但会有许多田地错过各种作物的农时而未播种,而且已经播种的田地有许多看来也会是满地杂草,或者是不利于谷物生长。在准备种植小麦的阴湿贫瘠的土地上,显然预示着灾荒。现在,种饲用甜菜的时节可以说已经过去了,而种上的很少;为种植芜菁备田的季节也快要过去,然而种植这一重要作物的必要的准备工作却一点也没有完成…… 雪和雨严重地阻碍了燕麦的播种。早播种下去的燕麦很少,而晚播种的燕麦是很难有好收成的…… 许多地区种畜损失相当大。"②

谷物以外的农产品的价格比去年上涨 20% — 30%,甚至 50%。欧洲大陆的谷物价格比英国涨得更高。在比利时和荷兰,黑麦价格足足涨了 100%,小麦和其他谷物也跟着涨价。

---

① 见 1853 年 5 月 21 日《经济学家》第 508 期。——编者注
② 见 1853 年 5 月 14 日《经济学家》第 507 期。——编者注

　　在这样的情况下,既然英国的贸易已经经历了通常商业周期的大部分,所以可以有把握地说,中国革命将把火星抛到现今工业体系这个火药装得足而又足的地雷上,把酝酿已久的普遍危机引爆,这个普遍危机一扩展到国外,紧接而来的将是欧洲大陆的政治革命。这将是一个奇观:当西方列强用英、法、美等国的军舰把"秩序"送到上海、南京和运河口的时候,中国却把动乱送往西方世界。这些贩卖"秩序",企图扶持摇摇欲坠的满族王朝的列强恐怕是忘记了:仇视外国人,把他们排除在帝国之外,这在过去仅仅是出于中国地理上、人种上的原因,只是在满族鞑靼人①征服了全国以后才形成为一种政治原则。毫无疑问,17世纪末竞相与中国通商的欧洲各国彼此间的剧烈纷争,有力地助长了满族人实行排外的政策。可是,更主要的原因是,这个新的王朝害怕外国人会支持一大部分中国人在中国被鞑靼人征服以后大约最初半个世纪里所怀抱的不满情绪。出于此种考虑,它那时禁止外国人同中国人有任何来往,要来往只有通过离北京和产茶区很远的一个城市广州。外国人要做生意,只限同领有政府特许执照从事外贸的行商[7]进行交易。这是为了阻止它的其余臣民同它所仇视的外国人发生任何联系。无论如何,在现在这个时候,西方各国政府进行干涉只能使革命更加暴烈,并拖长商业的停滞。

　　同时,从印度这方面来看还必须指出,印度的英国当局的收入,足足有七分之一要靠向中国人出售鸦片,而印度对英国工业品的需求在很大程度上又是取决于印度的鸦片生产。不错,中国人

---

① 西方通常将中国北方诸民族泛称为"鞑靼"。所谓"满族鞑靼人"也就是满族。——编者注

不大可能戒吸鸦片,就像德国人不可能戒吸烟草一样。可是大家都知道,新皇帝①颇有意在中国本土种植罂粟和炼制鸦片,显然,这将使印度的鸦片生产、印度的收入以及印度斯坦的商业资源同时受到致命的打击。虽然利益攸关的各方或许不会马上感觉到这种打击,但它到一定的时候会实实在在地起作用,并且使我们前面预言过的普遍的金融危机尖锐化和长期化。

欧洲从 18 世纪初以来没有一次严重的革命事先没发生过商业危机和金融危机。1848 年的革命是这样,1789 年的革命也是这样。不错,我们每天都看到,不仅称霸世界的列强和它们的臣民之间、国家和社会之间、阶级和阶级之间发生冲突的迹象日趋严重,而且现时的列强相互之间的冲突正在一步步尖锐,乃至剑拔弩张,非由国君们来打最后的交道不可了。在欧洲各国首都,每天都传来全面大战在即的消息,第二天的消息又说和平可以维持一星期左右。但是我们可以相信,无论欧洲列强间的冲突怎样尖锐,无论外交方面的形势如何严峻,无论哪个国家的某个狂热集团企图采取什么行动,只要有一丝一毫的繁荣气息,国君们的狂怒和人民的愤恨同样都会缓和下来。战争也好,革命也好,如果不是来自工商业普遍危机,都不大可能造成全欧洲的纷争,而那种危机到来的信号,总是来自英国这个欧洲工业在世界市场上的代表。

现在,英国工厂空前扩充,而官方政党都已完全衰朽瓦解;法国的全部国家机器已经变成一个巨大的从事诈骗活动和证券交易的商行;奥地利则处于破产前夕;到处都积怨累累,行将引起人民的报复;反动的列强本身利益互相冲突;俄国再一次向全世界显示

---

① 咸丰帝。——编者注

1926—1934年间载有《中国革命和欧洲革命》中译文的部分书刊

出它的侵略野心——在这样的时候,上述危机所必将造成的政治后果是毋庸赘述的。

卡·马克思写于 1853 年 5 月 31 日前后

作为社论载于 1853 年 6 月 14 日《纽约每日论坛报》第 3794 号

原文是英文

选自《马克思恩格斯选集》第 3 版第 1 卷第 778—785 页

卡·马克思

*欧洲的金融危机。
——货币流通史片断[8]

　　我们从法兰西银行最近的一份报告书中看到,它的金银储备已经降到了很低的程度,约为 3 000 万美元,仅上月一个月就减少了 25%。① 如果再继续这样减少下去,那么到年底,银行的储备就要耗尽,现金支付也将停止。为了防止这种极其危险的现象,采取了两项措施。一方面,由警察局阻止将白银熔化出口;另一方面,法兰西银行决定以巨大的牺牲作代价,同路特希尔德家族签订一项借款 600 万英镑的合同,来使自己的金银储备增加一倍。也就是说,法兰西银行为了弥补自己黄金的不足,又加重了本行黄金的买价和卖价之间的比例失常。由于这个合同,10 月 11 日曾向英格兰银行提取了 5 万英镑的黄金,10 月 13 日——4 万英镑,而昨天到达此间的亚细亚号轮船带来了又提取 50 多万的消息。因此,在伦敦人们普遍担心英格兰银行为了防止自己的储备流往法国,会重新拧紧螺丝,提高贴现率。英格兰银行为了做好准备,现已停止发放用国库券以外的任何国家有价证券作抵押的贷款。

---

① 见《马克思恩格斯全集》第 1 版第 12 卷第 66 页。——编者注

但是,法兰西银行能够成功地装进自己金库的全部黄金将像流入时那样迅速地流出——一部分用来偿付外债,弥补贸易差额,一部分用于国内需要,代替正在退出流通的白银(收藏白银的现象自然而然地随着危机的尖锐化而加速起来),最后用于最近三四年来创办的大工业企业的需要。例如,一些曾指望靠新的贷款(目前已不可能有新的贷款了)来继续自己的工程并支付股息和红利的大铁路公司,正在拼命设法弥补自己财力的空虚。如法国西部铁路需要 6 000 万法郎,东部铁路——2 400 万,北部铁路——3 000 万,地中海铁路——2 000 万,奥尔良铁路——4 000 万,等等。据估计,所有铁路公司所需要的总数达 3 亿。波拿巴曾自鸣得意地以为他靠倡导投机事业使人忘掉了政治,现在却热衷于用各种政治问题——那不勒斯问题、多瑙河问题、比萨拉比亚问题、新的巴黎会议问题[9]——来转移人们对金融市场的注意,但是,一切都徒劳无益。不仅法国,而且整个欧洲都坚信,这个所谓的波拿巴王朝的命运和欧洲社会目前的情况一样,都将取决于看来现在已经在巴黎露头的商业危机的结局。

我们已经指出过①,白银对黄金的比价突然上涨,是危机爆发的第一个原因。这次银价上涨,尽管有加利福尼亚和澳大利亚大量出产黄金[2]这一情况,仍然只能用西方国家流往亚洲、特别是流往印度和中国的白银继续有增无已来解释。从 17 世纪初起,亚洲、特别是中国和印度,对欧洲和美洲的金银市场一直起着重要的影响。白银是这些东方国家的唯一交换手段,也是西属美洲大量输往欧洲的财宝;由于同东方进行贸易,就有一部分白银从欧洲大

————————
① 见《马克思恩格斯全集》第 1 版第 12 卷第 66—69 页。——编者注

陆外流,这样,美洲向欧洲输出的白银,就由于欧洲向亚洲输出白银而被抵消。与此同时,亚洲的确向欧洲输出黄金;但是,除去从1840年到1850年期间乌拉尔山提供的黄金,这种输出的规模是很小的,不可能产生明显的结果。

当然,亚洲和西方之间的白银流通,随着贸易差额的变动,有过互相交替的高潮时期与低潮时期。但是总的说来,这个世界性运动的历史大致可分为三个时期:第一个时期从17世纪起到1830年左右;第二个时期从1831年到1848年,最后一个时期从1849年到现在。在第一个时期,向亚洲输出的白银,总的说来是增加的。在第二个时期,这种输出逐渐减少,直到最后出现回流,亚洲第一次把它在几乎两个半世纪内吸收去的财宝的一部分源源输还欧洲。在第三个时期,——目前仍然是这个时期的上升阶段——情况又变回去了,亚洲以空前的规模吸收着白银。

在较早的时期,在美洲发现白银以后,甚至在葡萄牙在印度建立领地以后,欧洲向亚洲输出白银还不怎么能觉察到。到17世纪初,荷兰人以及后来的英国人扩大了同东亚的贸易,这种金属的需要量才增加,但真正大量增加则是从18世纪英国茶叶的消费迅速增长以后,因为英国人为购买中国茶叶汇去的几乎完全是白银。到18世纪后期,白银从欧洲向东亚的外流已经达到很大的规模,乃至吸收掉很大一部分从美洲输入的白银。这个时候,白银也已经开始从美洲直接输往亚洲,虽然总的说来只限于墨西哥阿卡浦尔科的商船队运到菲律宾群岛去的那个数量。19世纪头30年,欧洲更加感受到亚洲这种吸收白银的情况,因为由于西班牙的殖民地爆发革命[10],来自美洲的白银从1800年的4 000多万美元降到了 1829 年的不到 2 000 万美元。另一方面,从 1796 年到 1825 年美国运往亚洲的白银增加了三倍,而在 1809 年以后,不仅墨西哥,而且还有巴西、智利和秘鲁也开始(虽然规模较小)直接向东亚输出白银。从 1811 年到 1822 年,印度和中国从欧洲输入的白银超过这两个国家输出的黄金 3 000 多万英镑。

在从 1831 年开始的这一时期内,发生了巨大的变化。东印度公司[3]不仅被迫放弃它对欧洲和它的东方帝国之间的贸易的垄断,而且如果不算它对印度支那的垄断的话,它作为商业企业已被完全撤销。这样,东印度的贸易转由私人经营,英国向印度输出的工业品就开始大大超过英国从印度输入的原料。因此,贸易差额越来越明显地形成欧洲方面的顺差,结果,白银向亚洲的输出迅速下降。英国贸易在世界其他市场上遇到的每一个挫折,现在都由于它在亚洲的新扩张而开始得到补偿。如果说 1825 年的贸易震动已经使英国对印度的输出有了增长,那么 1836 年的英美危机给这种输出的刺激要强大得多,而 1847 年英国危机的特点甚至是由对印度和亚洲其他地区贸易过热造成的。

对亚洲的输出在 1697 年不到英国出口总额的 $\frac{1}{52}$,而 1822 年已经达到约 $\frac{1}{14}$,1830 年达到 $\frac{1}{9}$ 左右,1842 年达到 $\frac{1}{5}$ 强。在这一经济变化只波及印度和亚洲西部地区的时候,白银由欧洲向亚洲的外流减弱,但是并没有停止,更没有变为由亚洲流往欧洲。只是到后来,英国的仁慈强迫中国进行正式的鸦片贸易,用大炮轰倒了中国的围墙,以武力打开了天朝帝国同尘世往来的大门,金属货币流通才发生这样一个明显突出的转折。在中国的白银这样流往中印边境的时候,中国的太平洋沿岸地区又为英国和美国的工业品所充斥。于是,在 1842 年,现代贸易史上第一次真的发生了白银大量从亚洲运往欧洲的事情。

但是,亚洲和西方之间的流通中的这种全面大变动为时并不长。在1849年就出现了强烈的持续的反复。在第一个和第二个时期是中国左右着潮流,在第三个时期还是中国左右着潮流。中国的起义①不仅中断了同印度的鸦片贸易,而且也使对外国工业品的购买停止下来,中国人出售商品时则坚持收取白银,并采取东方的经济专家在政治和社会动荡时期所惯用的办法——加以窖藏。中国的出超又由于欧洲最近蚕丝收成不好而大大增加。根据英国驻上海领事罗伯逊先生的报告书,最近十年来中国茶叶的出口增加了大约63%,丝的出口增加了218%,而工业品的进口减少了66%。他估计,现在从世界各地平均每年输入中国的白银,比十年前多558万英镑。下面是1849—1856年期间中国进出口的确切数字(每个年度到6月30日为止):

茶 叶 的 出 口

	输往大不列颠和爱尔兰	输往美国
1849	47 242 000 磅	18 072 000 磅
1855	86 509 000 磅	31 515 000 磅
1856	91 035 000 磅	40 246 000 磅

丝 的 出 口

	输往大不列颠和爱尔兰	输往法国
1849	17 228 磅	—
1855	51 486 磅	—
1856	50 489 磅	6 458 包

---

① 指太平天国革命。——编者注

	英　镑
1855 年中国向大不列颠出口的实际价值 …………………	8 746 000
1855 年中国向美国出口的实际价值 ………………………	2 500 000
总　计 …………………………………………………………	11 246 000
扣除 20%的运费和其他费用 ………………………………	2 249 200
中国总计应得 ………………………………………………	8 996 800

进　口

	英　镑
1852 年从英国进口的工业品 ………………………………	2 503 000
1855 年从英国进口的工业品 ………………………………	1 000 000
1856 年从英国进口的工业品 ………………………………	1 277 000
1853 年从印度进口的鸦片和棉花 …………………………	3 830 000
1855 年从印度进口的鸦片和棉花 …………………………	3 306 000
1856 年从印度进口的鸦片和棉花 …………………………	3 284 000
1855 年的进口总值 …………………………………………	4 306 000

	英　镑
1855 年中国的顺差 …………………………………………	4 690 000
1855 年中国对印度的出口的价值 …………………………	1 000 000
中国同世界各国贸易结算中的顺差总额(1855) …………	5 690 000

由于中国而引起的白银从欧洲向亚洲的外流更形加剧,因为最近几年来欧洲对印度的贸易出现了逆差,从而造成了白银流向印度的特殊情况,这从下表可以看出:

	英　镑
1856 年不列颠从印度的进口 ………………………………	14 578 000
扣除东印度公司汇款 ………………………………………	3 000 000
进口总额 ……………………………………………………	11 578 000
印度从不列颠的进口 ………………………………………	8 927 000
印度的顺差 …………………………………………………	2 651 000

本来,印度在 1825 年以前,黄金一直是法定的货币,而就在那

一年通过了单一的银本位制。由于几年以后黄金在商业市场上比白银受重视,东印度公司又宣布可以接受黄金作为对政府的付款。但是在澳大利亚发现黄金以后,公司也像荷兰政府那样担心黄金贬值,根本不愿意在将来接受黄金而支付白银,于是突然恢复了1825年的单一银本位制。这样,偿付对印度贸易的差额就非得用白银不可,于是在这个国家也就产生了对这种金属的巨量需求。由于从这个时候起印度白银对黄金的比价比欧洲上涨得快,英国商人发现向印度输出白银来投机有利可图,他们用白银换取印度的原料,从而又给印度的出口以新的推动。总起来说,从1848年到1855年,仅从南安普顿输出的白银,就有2 100万英镑,此外,从地中海各港口还输出很大的数量。据统计,今年已经从南安普顿向东方输出了1 000万。

从印度贸易的这些变化和中国革命的特点来看,不能期待白银很快就会停止向亚洲流动。因此,断定这次中国革命对欧洲的影响一定比俄国的所有战争、意大利的宣言[11]和欧洲大陆上的秘密社团所起的影响大得多,这决不是轻率的。

写于1856年10月17日前后

作为社论载于1856年11月1日
《纽约每日论坛报》第4848号

原文是英文

选自《马克思恩格斯全集》中文
第1版第12卷第70—76页

卡·马克思

*英 中 冲 突¹²

昨天早晨由亚美利加号轮船带到的邮件,有许多是关于英国人在广州同中国当局的争端和海军将军西马縻各厘的军事行动¹³的文件。我们认为,每一个公正无私的人在仔细地研究了香港英国当局同广州中国当局之间往来的公函以后,一定会得出这样的结论:在全部事件过程中,错误是在英国人方面。英国人硬说,造成争端的原因是某些中国军官没有诉诸英国领事而强行从停泊在珠江江面的一艘划艇①带走了几名中国罪犯,并且扯下了悬挂在划艇桅杆上的英国国旗。但是,正如伦敦《泰晤士报》¹⁴所说,

> "这里的确有许多引起争论的问题,如划艇是否悬挂着英国国旗,领事采取的措施是否完全正确等"②。

提出这样的怀疑是有根据的,因为我们记得,领事坚持援用于这艘划艇的条约¹⁵上的规定只适用于英国船只;而很多迹象表明,这艘划艇从任何正确意义上来看都不是英国的。但是为了使我们

---

① 所谓"划艇",实际上是一种近海帆船,欧式船身,中式帆具,最早为澳门的葡萄牙人所造。——编者注
② 1857年1月2日《泰晤士报》第22567号社论。——编者注

的读者能够看到事件的全貌,我们且把双方公函中最重要的部分披露出来。首先是 10 月 21 日英国驻广州领事巴夏礼先生给叶总督①的照会:

"本月 8 日早晨,一大队身穿军服的中国官兵,事前根本没有照会英国领事,就擅自登上同其他船只一起停泊城外的英国划艇亚罗号;他们不顾英籍船长的抗议,竟从划艇的 14 名水手中逮捕了 12 名中国人捆绑而去,并将船上的旗帜扯下。当天,本领事即将这一公开侮辱英国国旗和严重破坏善后补充条约第九款的全部详情通知贵大臣,要求贵大臣对这一侮辱事件进行赔偿,并在本案上严格遵守条约规定。然而贵大臣令人莫解地不顾正义和条约规定,既不对这一侮辱事件进行赔偿,也不表示道歉,而且贵大臣把捕去的水手仍然关押在狱中,说明贵大臣赞同这次破坏条约的行动,使女王陛下政府无法相信不再发生类似的侵犯行为。"②

事情好像是这样:划艇上的中国水手被中国军官逮捕,因为后者获悉这批水手中有些人曾参与抢劫一艘中国商船。英国领事指控中国总督逮捕水手、扯下英国国旗、拒绝道歉、关押被捕者。中国总督在给西马縻各厘将军的信中肯定说,他在查明被捕者当中有 9 人无罪后,已于 10 月 10 日指派一名军官把他们送回船去,但巴夏礼领事拒绝接受他们。关于划艇本身,总督声称,在船上逮捕中国人时就认为它是一艘中国船,这一点正确无误,因为这艘划艇是由中国人建造的,属于中国人所有,船主为这艘船在英国殖民地船籍登记簿上注了册,骗取到了一面英国国旗——这大概是中国走私者惯用的办法。关于侮辱英国国旗的问题,总督指出:

"贵国划艇湾泊下碇,向将旗号收下,俟开行时再行扯上,此贵国一定之

---

① 叶名琛。——编者注
② 巴夏礼《致两广总督叶名琛。1856 年 10 月 21 日》,载于 1857 年 1 月 7 日《泰晤士报》第 22571 号。——编者注

章程也。到艇拿人之际，其无旗号，已属明证，从何扯落？巴领事官屡次来申，总以扯旗欲雪此辱为名。"①

根据这些前提，中国总督得出结论说，没有任何违背条约的行为。然而英国全权公使②却在10月12日不但要求交出全体被捕水手，而且要求道歉。总督对此答复如下：

"二十四日卯刻，发去巴领事官札文，并审明犯案之梁明太、梁建富，并见证之吴亚认，共三名，连前九名，共计十二名，一并交还，而巴领事官将解还之人犯十二名并札文不收。"③

可见，巴夏礼当时完全能够领回他的所有12名水手，而那封他没有拆阅的信很可能是含有道歉意思的。就在同一天晚上，叶总督曾再一次询问，为什么不接受他送去的人犯，为什么他的信得不到任何答复。这一点没有被理睬，而到了24日，攻击炮台的炮火却响起来了，有几处炮台被占领。直到11月1日，西马糜各厘将军才在他给总督的信中解释了巴夏礼领事这种看来不可理解的行为。他写道，水手是送回给领事了，可是"并非**公开地**送回到他们的船上，并且没有按照要求为破坏领事裁判权道歉"④。这样，全部事情归结起来就是找了这么一个岔子：没有把包括3名审明的罪犯在内的一群水手以隆重的仪式

---

① 华廷杰《触藩始末》卷上第十五页：十月初三日致英酋照会。——编者注
② 包令。——编者注
③ 华廷杰《触藩始末》卷上第十五页：十月初三日致英酋照会。引文中"二十四日"是指咸丰六年九月二十四日，即1856年10月22日。——编者注
④ 西马糜各厘《致两广总督叶名琛。1856年11月2日》，载于1857年1月2日《泰晤士报》第22567号。——编者注

遣送回船。对这一点,两广总督首先答复说,12名水手已经实际移交给领事,并无"任何拒绝遣送他们回船"的情况。直到城市被轰击了6天之后,中国总督才知道这位英国领事还有何不满。至于道歉,叶总督坚持无歉可道,因为没有任何错误。我们且引用他的话:

> "本大臣之办事人员进行缉捕时,并未见有外国旗帜,尤有进者,受命办理此案之官员审讯人犯时证实该划艇决非外国船只,是以本大臣仍认为并未犯何错误。"[1]

这个中国人的雄辩把全部问题解决得实在彻底——显然无懈可击——以致西马縻各厘将军终于没有办法,只好宣称:

> "对于亚罗号划艇事件的是非曲直,本统帅断然拒绝再作任何辩论。本统帅对于巴夏礼领事向贵大臣所陈述之事实确信无疑。"[2]

但是这位海军将军在占领了炮台、打开了城墙、连续轰击广州6天以后,突然发现一个全新的行动目标。我们发现他在10月30日写信给中国总督说:

> "贵大臣目前应立即同本统帅举行会商以结束目前的状况,这种状况已为害非轻,如不予补救,势必招致极严重之灾难。"[3]

中国总督答复说,按照1849年的协定[16],他没有权利要求举

---

① 叶名琛《致海军将军西马縻各厘。1856年11月3日》,载于1857年1月7日《泰晤士报》第22571号。——编者注

② 西马縻各厘《致两广总督叶名琛。1856年11月2日》,载于1857年1月2日《泰晤士报》第22567号。——编者注

③ 西马縻各厘《致两广总督叶名琛。1856年10月30日》,载于1857年1月2日《泰晤士报》第22567号。——编者注

行这种会商。总督接着说：

"惟所称进城一节，查道光二十九年三月间，贵国公使出示在公司行，内称本总督出示，不准番人入城等语，载在新闻纸，谅贵提督早已知悉。况不能进城，出自广东百姓，众口一词。此番攻破炮台，焚毁民房，其心不甘，已可概见。本大臣有恐贵国官民因此受害，莫若仍照文公使所议办理为是。至所称熟商一事，本大臣前已有委员雷州府蒋守矣。"①

于是西马縻各厘将军干脆宣称，他根本不理会文翰先生的协定：

"贵大臣复文述及1849年英国公使公布的关于禁止外国人进入广州的告示。今本统帅必须提醒贵大臣，虽然我们对于中国政府违背1847年允许外国人于两年后进入广州的诺言确实极为不满，但本统帅目前的要求与以前有关这一问题的交涉毫无关系。本统帅并不要求准许其他人员入城，而只要求准许外国官员入城，这样做只是出于前面所说的简单而充足的理由。对于本统帅提出的亲自同贵大臣谈判的建议，承贵大臣相告，数日前已经派一知府前来。因此本统帅不得不认为贵大臣的全部来信极端不能令人满意，只能谨此附告，如本统帅的建议不能立即得到贵大臣明确同意，则本统帅将立即重新采取攻击行动。"②

叶总督提出反驳，再次提到了1849年协定的细节：

"1848年，前大臣徐③与英国公使文翰先生曾就这一问题往复通函辩论很久，文翰先生确信在城内会晤已无可能，乃于1849年4月致函徐大臣称：

① 华廷杰《触藩始末》卷上十五页：十月初三日致英酋照会。引文中"查道光二十九年三月间，贵国公使出示在公司行，内称本总督出示，不准番人入城等语"一句，按英文译回中文是："1849年4月，全权公使文翰阁下发布告于此间各商馆，内称他禁止外国人入城。"——编者注
② 西马縻各厘《致两广总督叶名琛。1856年11月2日》，载于1857年1月2日《泰晤士报》第22567号。——编者注
③ 徐广缙。——编者注

'今不再与贵大臣争议此问题。'随后文公使在各商馆出告示,不准一个外国人入城;这一告示曾在报上登载,公使并将此事呈报英国政府。所有中国人或任何国籍之外国人无不知此问题不再进行争论。"①

于是,不耐烦辩驳的英国海军将军就使用武力冲向广州城,直捣总督府,同时摧毁停在江面的帝国舰队。这样,这出外交兼军事的活剧就截然分成两幕:第一幕,借口中国总督破坏1842年的条约**17**而炮轰广州;第二幕,借口总督顽强坚持1849年协定而更猛烈地继续炮轰。广州先是因破坏条约而遭轰击,后是因遵守条约而遭轰击。而且,在前一场合,甚至不是以没有给予赔偿为借口,而只是以没有用隆重的方式给予赔偿为借口。

伦敦《泰晤士报》在这个问题上所提出的观点,就是和尼加拉瓜的威廉·沃克将军**18**相比也毫无逊色。

这家报纸写道:"由于这次爆发了军事行动,现有的各种条约就此作废,我们尽可以按照自己的意愿来安排我们同中华帝国的关系了。广州最近发生的事变警告我们,应当坚持要求取得1842年条约规定的自由地进入这个国家和进入向我们开放的那几个口岸的权利。我们决不能允许别人再对我们说,因为**我们已经放弃**要求执行那条许可外国人进入自己商馆以外地区的条款,我们的代表就不能去见中国总督。"②

换句话说,"我们"开始采取军事行动是为了撕毁一个现存的条约和强行要求实现一项"我们"业已根据明确的协定放弃了的要求!不过,我们也高兴地告诉读者,英国舆论界另一家著名的报刊却用比较合乎人情和恰当的语气表示了意见。

---

① 叶名琛《致海军将军西马縻各厘。1856年11月3日》,载于1857年1月7日《泰晤士报》第22571号。——编者注
② 1857年1月2日《泰晤士报》第22567号社论。——编者注

《每日新闻》**19**说:"真是骇人听闻,为了替一位英国官员的被激怒了的骄横气焰复仇,为了惩罚一个亚洲总督的愚蠢,我们竟滥用自己的武力去干罪恶的勾当,到安分守己的和平住户去杀人放火,使他们家破人亡,而我们自己本来就是闯入他们海岸的不速之客。且不说这次轰击广州的后果如何,无所顾忌地任意把人命送上虚伪礼节和错误政策的祭坛,这一行为本身就是丑恶和卑鄙的。"

世界上的文明国家,对于这种以违背了无中生有的外交礼节为借口,不先行宣战就侵入一个和平国家的做法是否赞同,恐怕是个问题。如果说第一次对华战争①尽管借口并不体面,但由于它展示了打开对华贸易的前景,其他列强也就耐心地观望着,那么,这第二次战争岂不是很可能要无限期地阻碍这种贸易吗?这次战争的第一个后果,必定是把广州同产茶区——绝大部分依然在帝国掌握之中②——隔断开来,而这种情况只能对俄国的陆路茶商有利。

卡·马克思写于 1857 年 1 月 7 日　　　　原文是英文

作为社论载于 1857 年 1 月 23 日　　　选自《马克思恩格斯全集》中文第 2 版
《纽约每日论坛报》第 4918 号　　　　第 16 卷第 17—23 页

---

① 指 1840—1842 年鸦片战争。——编者注
② 意指这些地区绝大部分尚未被太平军占领。——编者注

卡·马克思

议会关于对华军事行动的辩论[20]

1857 年 2 月 27 日于伦敦

德比伯爵和科布顿先生谴责对华军事行动的两个议案,都按照预先所作的声明提出了。一个是 2 月 24 日在上院提出的,①另一个是 2 月 27 日在下院提出的②。上院的辩论是在下院开始辩论的那一天结束的。上院的辩论给帕麦斯顿内阁以沉重的打击,使它只得到 36 票比较微弱的多数。下院的辩论则可能会导致内阁的失败。但是不管下院的讨论将引起多么大的兴趣,上院的争论已经把论战双方的理由讲尽了,而德比和林德赫斯特两位勋爵的精辟演说已经抢在能言善辩的科布顿先生、爱·布尔沃爵士、约翰·罗素勋爵以及诸如此类的人之前。

政府方面唯一的法律权威——大法官③说:

---

① 爱·德比《1857 年 2 月 24 日在上院的演说》,载于 1857 年 2 月 25 日《泰晤士报》第 22613 号。——编者注

② 理·科布顿《1857 年 2 月 26 日在下院的演说》,载于 1857 年 2 月 27 日《泰晤士报》第 22615 号。——编者注

③ 罗·克兰沃思。——编者注

"除非英国在亚罗号事件[13]上有充分的理由,否则英国的一切行动自始至终都是错误的。"

德比和林德赫斯特无疑地证明了英国在那艘划艇的事件上没有任何理由。他们采取的论据同英国发表最初报道后《论坛报》[21]专栏文章①采取的论据十分符合,所以我在这里只须把他们的论据很简略地概括一下就行了。

英方为推卸广州大屠杀[22]的罪责而硬加于中国政府的罪名是什么呢? 那就是:违背了1843年的善后补充条约第九款[15]。该款规定,凡逃抵香港殖民地或潜藏于英国军舰或商船上的中国罪犯,中国当局不得自行逮捕,而应要求英国领事引渡,由英国领事将罪犯交给地方当局。现在中国官员没有通过英国领事,逮捕了停泊在珠江江面的划艇亚罗号上的中国海盗。这就发生了一个问题:亚罗号是不是英国船? 德比勋爵指出:

"该船是由中国人建造、中国人俘获、中国人出售、中国人购买的,船员是中国人,船归中国人所有。"

那么,这只中国船是怎样变成英国商船的呢? 是靠在香港买到了英国船籍登记证或航行执照。这个登记证的法律根据是1855年3月香港地方立法机关所通过的一项法令。这项法令不仅违背了中英之间的现有条约[17],并且还取消了英国自己的法律。因此,它是无效的。这项法令只有依据商务航运条例才能取得一点符合英国法律的外貌。但商务航运条例是在这项法令颁布了两个月之后才通过的。况且这项法令从未同商务航运条例的法律规

---

① 指《英中冲突》一文,见本书第21—27页。——编者注

定取得一致。因此,划艇亚罗号据以取得船籍登记证的那项法令,完全是一张废纸。然而即使依照这张不值一文的废纸,亚罗号也得不到它的保护,因为这只船已违背它所规定的条件,而且船的执照已经满期。这一点,连约·包令爵士①自己也承认。可是,有人说,不管亚罗号是不是英国船,反正船上挂的是英国国旗,而这面旗子受到了侮辱。首先,②如果挂了旗子,那么这面旗子是挂得不合法的。然而究竟是不是挂了旗子呢? 关于这一点,在英国和中国的声明中是有分歧的。但是,中国的声明已经为领事们所转交的葡萄牙第83号划艇的船长和船员的证词证实了。11月13日的一期《中华之友》**23**援用这些证词说:

"现在广州尽人皆知,该艇被捕获前,已有六天没有挂英国国旗。"③

可见,挑起冲突的法律根据不能成立,保护荣誉的问题也不能成立。④

德比勋爵在这次演说中很得体地完全克制了爱讲俏皮话的习惯,从而使自己的论据具有严格的法律性质。可是,他不费什么力气就使自己的演说充满了极深刻的讽刺。身为英国世袭贵族首领的德比伯爵是在反驳边沁的得意门生、以前的博士、现在的爵士约

---

① 草稿中这句话是:"曾写信给巴夏礼领事说亚罗号无权得到英国庇护的约翰·包令爵士"。——编者注
② 草稿里还有:"亚罗号没有权利挂英国国旗,约翰·包令爵士本人在10月11日自香港寄给巴夏礼领事的信中也承认了这一点。因此"。——编者注
③ 爱·德比《1857年2月24日在上院的演说》,载于1857年2月25日《泰晤士报》第22613号。——编者注
④ 本文在笔记本中的草稿在此处中断。——编者注

翰·包令;他是在维护人道,驳斥那位职业人道主义者;他是在捍卫各国的真正利益,反对那位坚持外交礼仪的彻头彻尾的功利主义者;他赞同"民意即天意",反对"最大多数人的最大利益"[24]。征服者的后裔宣扬和平,而和平协会[25]的会员却鼓吹开炮;德比痛斥英国海军的行动,说那是"卑劣的行径"和"不光彩的军事行动",而包令却为这种没有遇到任何抵抗的怯懦的暴行,为它的"辉煌成就,无比勇敢,以及军事技巧和英勇气概的卓越结合"而额手称庆。德比伯爵越是显得不大意识到这些对比,这些对比的讽刺性就越是突出。他在这个并非出自个别人物的聪敏才思而是由时势的滑稽可笑所造成的历史大讽刺中占了上风。在全部英国议会史上,大概还从未出现过一次贵族在理智上战胜暴发户这样的事例。

德比勋爵一开始就声明:

他"只能依据他要指责其行为的那些人所提供的声明和文件";他感到"这些文件"足以"论证他的论点"。

可是有一点已经被公正地指出过,即政府公之于众的这些文件使政府有可能将全部责任推卸给自己的部属。议会中反政府派的攻击完全指向包令及其同伙,而国内的政府却可以同意这种攻击而丝毫不损害本身的地位,原因就在于此。我现在引用勋爵本人的话①:

"我不愿意说任何不尊敬包令博士的话。他也许是一个博学多才的人;但据我看来,在他要求准许进入广州的问题上,他简直是害了偏执狂。(会场喊声:"听啊!听啊!"还有笑声。)我相信,他做梦也要进入广州。我相信,他

---

① 爱·德比《1857年2月24日在上院的演说》,载于1857年2月25日《泰晤士报》第22613号。——编者注

清早一醒来想的就是这件事,夜晚临睡时想的也是这件事,而半夜里他要是醒着,想的还是这件事。(笑声)我相信他一定认为,从他约·包令爵士能在广州衙门受到正式接待所带来的巨大好处来衡量,任何牺牲都不为大,任何通商中断都不足惜,任何流血都不足悔。(笑声)"

接着是林德赫斯特勋爵发言①:

"约·包令爵士不仅是全权公使,而且是杰出的人道主义者(笑声)。他自己承认船籍登记证是无效的,那艘划艇没有权利悬挂英国国旗。现在请注意他是怎么说的:'该船是不受保护的,不过中国人并不知道这一点。看在上帝的面上,千万不要透露给他们。'而且他的这个想法还很顽强,因为他实际上说了这样的话:我们知道中国人并没有犯下任何违背条约的罪过,但是我们不对他们这样说;我们坚持要求赔偿并且要求以特定的形式送回被捕者。要是没有按照这种形式送回水手,那么采取什么补救的办法呢?很简单,抓起一只中国帆船——中国的兵船。如果这还不够,那就再抓,直到我们强迫中国人屈服为止,虽然我们知道他们有理而我们没有理。("听啊!")以往有过比这更恶劣更可耻的行为吗?有过一位英国政府官员提出更——我不愿说'更欺诈的',只使用在我国与'欺诈'相等的字眼——更虚伪的口实吗?("听啊!")不寻常的是,这位约·包令爵士竟认为他有宣战的权力。一个处在这种岗位的人一定要有权采取防卫行动,对于这一点,我是能够理解的;可是以那样一种理由,那样一种口实来采取进攻行动,这却是世界史上难以找到的最不寻常的做法。从提交议院的文件中可以十分明显地看出,自从约·包令爵士一开始就任现职以来,他的野心就是要达到他的许多前任根本没有达到的目的,那就是进入广州城。他由于一心一意地要实现进入广州城这一目的而毫无必要地使国家卷入了战争。结果又怎样呢?属于英国臣民的价值150万英镑的巨额财产,现在在广州被没收了;此外,我们的商馆被烧光了;而所有这一切只不过是由于一个最有害的人的有害政策造成的。

'骄傲的世人

---

① 约·林德赫斯特《1857年2月24日在上院的演说》,载于1857年2月25日《泰晤士报》第22613号。——编者注

掌握到暂时的权力，

却会忘记了自己琉璃易碎的本来面目，

像一头盛怒的猴子一样，

装扮出种种丑恶的怪相，

使天上的神明们因为怜悯他们的痴愚而流泪。'①"

最后，格雷勋爵发言②：

"如果诸位看一看文件，便会发现，当约·包令爵士请求会见叶总督时，总督是准备会见他的，不过指定商人伍浩官的坐落在城外的房子作为会见地点。约·包令爵士却觉得，除了总督官邸以外，到任何地方去都有失尊严。在通过议案时，如果期待不到什么别的结果，我希望至少得出这样一个有益的结果，即立刻召回约·包令爵士。"

下院对待约·包令爵士的态度也是一样，而且科布顿先生甚至在一开始演说时就郑重宣布同他这位"有着二十年交情的朋友"③绝交。

从德比、林德赫斯特和格雷三位勋爵的演说中摘引的原话证明，帕麦斯顿勋爵的政府只要撇开约·包令爵士，不让自己与这位"杰出的人道主义者"相混同，就可以挡开攻击。政府所以有可能这样轻易地摆脱窘境，并不是由于帕麦斯顿勋爵的反对者的纵容或他们的策略，而完全是由于提交议会的那些文件；这一点，我们在了解了根据这些文件所进行的辩论之后，再稍微看一看这些文

---

① 莎士比亚《一报还一报》（亦译《量罪记》、《请君入瓮》）第2幕第2场。——编者注

② 亨·乔·格雷《1857年2月24日在上院的演说》，载于1857年2月25日《泰晤士报》第22613号。——编者注

③ 理·科布顿《1857年2月26日在下院的演说》，载于1857年2月27日《泰晤士报》第22615号。——编者注

件本身,就很清楚了。

约·包令爵士害了想进入广州城的"偏执狂",这还有什么可以怀疑的呢?伦敦《泰晤士报》[14]说,这个人"完全自行其是,既不和国内上司商量,也不考虑国内上司的政策"①,这难道还没有证实吗?

既然如此,为什么帕麦斯顿勋爵要在他的政府摇摇欲坠的时候,在他困难重重,遇到了财政困难、波斯战争[26]、秘密条约、选举改革[27]、联合内阁[28]等等问题的时候,在他感觉到下院注视他的目光"比过去任何时候都更加严肃而较少钦敬"的时候,——为什么他恰好要选定这个时候,冒着使他自己的地位更加恶化甚至彻底垮台的危险,在他的整个政治生涯中第一次向另外一个人——而且是他的下属——表现出始终不渝的忠忱呢?为什么他要使自己喜新好奇的热情高涨到这步田地,乃至去给一位包令博士当替罪羊呢?当然,没有一个头脑健全的人会认为这位高贵的子爵会陷入这种罗曼蒂克的精神失常。他在这次同中国发生的纠葛中所奉行的政策,明白无误地证明了他提交议会的文件是不完整的。除了已经公布的文件,必定还有秘密文件和秘密训令,这些文件和训令会证明:如果包令博士真的害有想进入广州城的"偏执狂",这是由于在他背后有这位头脑冷静的白厅[29]首脑鼓动着他的偏执狂,并为了自己的目的把它从潜热状态煽成吞噬一切的火焰。

卡·马克思写于1857年2月27日　　　原文是英文

载于1857年3月16日《纽约每　　　选自《马克思恩格斯全集》中文第2版
日论坛报》第4962号　　　第16卷第61—67页

---

①　1857年2月27日《泰晤士报》第22615号社论。——编者注

卡·马克思

帕麦斯顿内阁的失败[30]

1857年3月6日于伦敦

下院关于中国问题的辩论①，经过四个夜晚的激烈争吵以后，终于以通过对帕麦斯顿内阁不信任案而平静下来。帕麦斯顿用"惩罚性的解散"来回敬不信任。[31]他把下院议员们打发回家以示惩戒。

辩论的最后一个晚上，下院会场内部和聚在附近街道上的群众中间笼罩着极强烈的激动情绪，这不仅是由于所系利益之巨大，而且更是由于受审判一方的性质。帕麦斯顿的执政，不是一个普通内阁的执政，而是一种独裁。从对俄战争[32]开始起，议会几乎放弃了它的宪法职权；在媾和以后，它也没有敢于重申这种职权。它经过一种逐渐的、几乎是觉察不到的衰退过程，已经降到了立法团[33]的地位，它所不同于原来波拿巴的那个御用机构之处，只在于它那虚饰的门面和装腔作势的高调。单是组成联合内阁[28]这一点就已表明，各旧政党——议会机器就是靠它们彼此的摩擦运转的——已经化为乌有。由联合内阁最先反映出来的各政党的这种

_____

① 见本书第28—34页。——编者注

· 35 ·

无能,后来由于战争的作用而体现在一人的万能之中,此人在他半个世纪的政治生涯中,从来不曾属于任何政党,但却一直利用所有的政党。要不是发生了对俄战争,这些旧的官方政党的衰败本身就会引起变革。议会就会由于它机体中注入新鲜血液,即给仍处于被剥夺了表决权和代表权境地的广大人民群众中的至少某一部分以政治权利,而获得新的生命。然而战争中断了这一自然的发展过程。战争不是使旧的议会矛盾的中和有利于群众,而是使这种中和的好处完全为一人独得。结果我们得到的不是英国人民的政治解放,而是帕麦斯顿的独裁。战争是形成这种结果的强大原动力,战争也是确保这种结果的唯一手段。所以战争已经成为帕麦斯顿独裁的首要条件。在英国人民中间,对俄战争比巴黎和约[34]要受人欢迎。那么为什么这位英国的阿基里斯①——凸角堡的耻辱和卡尔斯的投降[35]就是在他主持下发生的——没有利用这种有利的情况呢?很明显,这是因为这种抉择不是他所能控制的。所以他就以同美国发生的误解[36]为理由而签订了巴黎条约,所以他就要远征那不勒斯[9],他就和波拿巴来一场表面的争吵[37],他就入侵波斯,他就在中国进行大屠杀。[22]

下院就这最后一个事件通过不信任案,便是取消了帕麦斯顿维持他所篡夺来的权力的手段。所以这次投票不是单纯的议会表决,而是一次反抗——一次强行恢复议会宪法职权的企图。下院普遍的情绪是如此,而且不管形成这种杂牌多数的几个派系——包括德比派、皮尔派[38]、曼彻斯特派[39]、罗素派以及所谓独立派——抱有什么特别的动机,他们全都说决不是一般的反内阁阴

---

① 讽喻亨·帕麦斯顿。——编者注

谋使他们在投票中联合一致。这倒是实话。然而,指责他们搞阴谋正是帕麦斯顿答辩的中心论点。他以争取听众同情的辩论,把自己装扮成无原则阴谋的受害者,来掩盖自己的理亏。对于这种像老贝利①的罪犯们所惯用的辩词,迪斯累里先生的驳斥是最妙不过的了。迪斯累里说:

"首相是世界上唯一不能容忍联合的人。可是,他却正是毫无明确原则的政治联合的头号样板。请看他的政府是怎样组成的吧。就在去年,他的内阁的全体阁员都在本院支持一个法案,我记得,那个法案是一位前阁员提出的。但是在上院,这个法案却遭到一位政府成员的反对,并且他为了给自己那显然前后矛盾的行为辩解,公然宣称,他就任时首相并不曾要求他在任何问题上做出保证。(笑声)然而,高贵的勋爵②却对今天这个无原则的联合感到大为震惊!高贵的勋爵不能容忍联合!高贵的勋爵只与自己在政治上诞生于其间、成长于其间的人们一起行动。(喝彩声和笑声)那个海格立斯娃娃(指着帕麦斯顿勋爵)是从辉格党的摇篮里出来的,他的政治生涯是多么首尾一贯啊!(笑声再起)回顾过去的半个世纪中,高贵的勋爵几乎什么原则都信奉过,几乎同哪一个政党都结成过联盟,而在今天晚上,他却大声警告别人不要联合,因为他害怕下院的多数——其中包括若干曾做过高贵勋爵的同僚的最杰出的议员——可能不会批准业已以暴行开始、如果继续下去将会以毁灭告终的对华政策。先生们,这就是高贵的勋爵现在的立场。我们曾听到高贵的勋爵为这个政策作过什么答辩吗?他有没有规定哪怕一条我们的对华关系所应当遵守的原则呢?他有没有提出哪怕一条我们在这一危急困窘的关头能够遵循的政治准则呢?相反,他为了掩盖他理屈词穷的狼狈相而说——说什么呢?——说他是阴谋的受害者。他不是像一个大丈夫或者政治家那样出来为自己的行为答辩。他把辩论中出现过的一些在我看来实际上已经了结和过了时的琐细意见重复一番,然后回过头来说这一切都是阴谋!高贵的勋爵一向习惯于不提出一条原则而获得多数,这种多数实际上是偶然情况的结果,事实上它之所以产生,只是因为高贵的勋爵坐在议席上,不必就任何

---

① 老贝利是附设有监狱的伦敦中央刑事法庭的别称。——编者注
② 亨·帕麦斯顿。——编者注

一个能触动国人心灵或影响全国舆论的国内外问题发表意见。可是高贵的勋爵终于将发现，现在已经是这样的时候了：如果他要做一个政治家，他就必须要有一个政治路线；他将发现，他的内阁的荒唐行为一被察觉、所有那些通常影响下院意见的人一联合起来加以斥责，就赶快向国人申诉他是阴谋的受害者，这个办法是行不通的。"①

然而，如果以为这次辩论触及那样牵动人心的问题所以就一定很吸引人，那就完全错了。辩论一晚又一晚地进行，而总不举行表决。在大部分搏斗中，斗士们的声音都淹没在私人交谈的嘈杂声浪中。一晚复一晚，官场人物们都抢时间发言，以便赢得另一个24小时去进行阴谋和幕后活动。第一天晚上，科布顿先生发表了一篇漂亮的演说。布尔沃和约翰·罗素勋爵也一样②；可是首席检察官③对他们说，"他无论如何不能拿他们在这样一个问题上的深思熟虑的提法或论证去和在另一个地方发表的论证作比较"④。无疑他是正确的。第二个夜晚被双方的法律代表——检察长⑤、怀特赛德先生和首席检察官——冗长的专门关于法律方面的争论占去了。詹姆斯·格雷厄姆爵士倒的确想使辩论增色，但是没有成功。当这个实际上谋杀了邦迪埃拉兄弟的人**40**假装清白地高喊，他"要洗清他与这无辜流血案件的关系"的时候，会场上对他这种可怜巴巴的呼喊报以抑制不住的讥笑声。第三天晚上更是无

---

① 本·迪斯累里《1857年3月3日在下院的演说》，载于1857年3月4日《泰晤士报》第22619号。——编者注

② 理·科布顿、爱·布尔沃和约·罗素《1857年2月26日在下院的演说》，载于1857年2月27日《泰晤士报》第22615号。——编者注

③ 理·贝瑟尔。——编者注

④ 理·贝瑟尔《1857年2月27日在下院的演说》，载于1857年2月28日《泰晤士报》第22616号。——编者注

⑤ 詹·蒙克里夫。——编者注

聊。未来的首席检察官弗·塞西杰爵士向现任的首席检察官答辩,希大律师奋力向弗·塞西杰爵士答辩。约翰·帕金顿爵士大力施展他那粗俗的辩才。卡尔斯的威廉斯将军的发言,下院只静听了几分钟就不约而同地置之不理了,清楚地看出他并不是他们原来想象中的那个人。最后,悉尼·赫伯特爵士发了言。这位皮尔政治学派的文雅后生所发表的演说,的确是简洁有力、尖锐、对比鲜明,不过只是对官场人物的论点加以嘲笑,而没有提出他自己的新论点。但是最后一个晚上,辩论倒是达到了下院应有的水平。罗巴克、格莱斯顿、帕麦斯顿和迪斯累里都大显才能,每人各有千秋。

　　困难的是撇开在辩论中被用做挡箭牌的约·包令爵士而直接揭露帕麦斯顿勋爵本人,要他个人对"屠杀无辜者"负责。这点终于做到了。由于即将举行的英国大选主要将围绕着这个问题进行,尽量简要地介绍一下这次讨论的结果料无不妥吧。在内阁被击败的第二天和内阁宣布解散下院的前一天,伦敦《泰晤士报》**14**竟敢这样说:

　　"国民将很不能理解要回答的究竟是什么问题。难道帕麦斯顿勋爵的内阁因为这里六个星期之后才听说的、发生在世界彼端的、而且是前内阁委派的官员们干的那一系列的事,就失去了人民的信任? 大臣们在圣诞节才听说有这些事,当时他们也和任何别人一样毫无所知。实际上,所报道之事简直就像月球上发生的事或《一千零一夜》里的故事一样同现内阁扯不上任何关系…… 难道帕麦斯顿勋爵的政府应该为了它过去从未做过并且也不可能做的事情、为了它只是与大家同时听到的事情、为了那些不是由它委派的并且它至今未能与之保持任何联系的人们所做的事情,而被谴责和撤换吗?"①

---

①　1857 年 3 月 5 日《泰晤士报》第 22620 号社论。——编者注

对于这家一直把广州大屠杀[22]说成是帕麦斯顿外交杰作的报纸的这种无耻的胡言乱语，我们可以举出几件在冗长辩论中好不容易弄清、并且是帕麦斯顿或其下属一次也没有加以争辩的事实来反驳。1847年帕麦斯顿勋爵任外交大臣时关于要求准许香港英国当局进入广州问题所发的第一道训令，就是用威胁的词句写成的。不过，他的火气被他的同僚，当时的殖民大臣格雷伯爵浇了一盆冷水，格雷伯爵不仅给驻香港的、而且还给驻锡兰的海军的指挥官们发出了一道最严格的禁令：在未得到来自英国的特别许可时，任何情况下不准对中国人采取任何进攻行动。然而，帕麦斯顿勋爵在1849年8月18日，即在他被罗素内阁免职之前不久，给驻香港的英国全权公使发出了如下的训令：

> "不要让广州那些大员们或北京政府想错了。英国政府迄今表现宽容，并不是由于它感到虚弱，而是由于它意识到自己具有优势力量。英国政府很清楚，只要形势需要，**英国的军事力量能够摧毁广州城**，叫它片瓦不留，从而给该城居民以最严厉的惩罚。"①

可见，1856年帕麦斯顿勋爵任首相时所发生的炮轰广州的事情，早在1849年帕麦斯顿勋爵在罗素内阁外交大臣任内最后一次发到香港去的训令里就有了先兆。那时以来的历届政府都不曾稍微放松那项不准香港英国代表逼迫中国当局准许他们进入广州的禁令。罗素政府的格兰维尔伯爵，德比政府的马姆兹伯里伯爵和阿伯丁政府的纽卡斯尔公爵都是如此。最后，到1852年②，一直做广州领事的包令博士被任命为全权公使。据格莱斯顿先生说，

① 詹·格雷厄姆《1857年2月27日在下院的演说》，载于1857年2月28日《泰晤士报》第22616号。——编者注
② 应为1854年。——编者注

包令的任命是帕麦斯顿的工具克拉伦登勋爵一手包办的,事先并未告知阿伯丁内阁或征得其同意。当包令第一次提出现在正在争论的问题时,克拉伦登在 1854 年 7 月 5 日的训令里对他说,他是对的,但是他应该等到为实现他的目的所必需的海军力量已经具备时才动手。当时英国正和俄国作战。当亚罗号事件**13**发生的时候,包令正好得悉已经媾和并且的确正在给他派出海军,于是就挑起了同叶总督的争端。1 月 10 日,克拉伦登得到全部情况的报告后通知包令:"女王陛下政府完全同意西马縻各厘爵士和你本人所采取的做法。"以此短短一句话表达的认可并未附有任何进一步的指示。正相反,哈蒙德先生奉克拉伦登勋爵之命,在给海军部政务大臣①的信中对海军将军西马縻各厘表示政府赞赏"他行动**适度**和尊重中国人的生命财产"。

可见毫无疑问,屠杀中国人的事情是帕麦斯顿勋爵亲手策划的。至于如今他希望打出什么旗号去号召联合王国的选民,这个问题我想留到下一篇通讯里来回答,因为本文篇幅已经超过限度了。

卡·马克思写于 1857 年 3 月 6 日   原文是英文

载于 1857 年 3 月 25 日《纽约每   选自《马克思恩格斯全集》中文第 2 版
日论坛报》第 4970 号   第 16 卷第 68—74 页

---

① 拉·贝尔纳-奥斯本。——编者注

卡·马克思

英国即将来临的选举[41]

1857年3月13日于伦敦

> "站在两个教士中间,我的好大人;
> 这样我好唱出一套赞美曲来。"①

  帕麦斯顿并没有完全按照白金汉给理查三世出的主意行事。他是站在教士和鸦片走私商中间。低教会派的主教们——他们都是由这个老骗子让他的亲戚舍夫茨别利伯爵提名而当上主教的——证明他"正直无邪",而贩卖"麻醉世人的甜蜜毒药"②的鸦片走私商,则证明他忠心耿耿地为"利益,这颠倒乾坤的势力"③服务。苏格兰人伯克为伦敦的"尸首贩子"[42]感到骄傲。同样,帕麦斯顿为利物浦的"毒品贩子"感到骄傲。这些满脸和气的先生都是那个追本溯源直接靠奴隶贸易才大大发展起来的城市的尊贵代表。别无什么诗篇闻名的利物浦,至少有资格要求给它记上一笔曾以赞美奴隶贸易的颂歌丰富了诗坛的独特功劳。如果说平达曾

---

① 莎士比亚《理查三世》第3幕第7场。——编者注
② 莎士比亚《约翰王》第1幕第1场。——编者注
③ 同上,第2幕第1场。——编者注

以"万物莫好过于水"（"Ariston men hudor"）①的名句开始他那篇赞美奥林匹克竞技会优胜者们的颂歌，那么，现代利物浦的平达在赞美唐宁街**43**拳击手们的颂歌里就很可能用上一个更高明的首句："万物莫好过于鸦片。"

跟圣洁的主教和邪恶的鸦片走私商走在一起的，还有大茶商，他们也大都直接或间接从事鸦片贸易，因而热衷于取消现行的对华条约。此外他们还有自己的动机。去年他们冒险进行了大宗茶叶投机生意；战争拖延下去，会使他们的大量存货涨价，同时又会使他们能够延期偿付广州债主的巨额债款。所以，战争会使他们既能欺骗英国的买主同时又能欺骗中国的卖主，从而实现他们所设想的"民族光荣"和"商业利益"。一般地说，英国制造商并不赞同这种利物浦教义问答的教条，所根据的就是那个导致希望棉价低廉的曼彻斯特人与希望棉价高昂的利物浦人对立的崇高原则。在1839年至1842年的第一次英中战争②期间，英国制造商曾陶醉于出口贸易会惊人扩大的妄想。他们曾一码一码地量出了准备给天朝人穿着的棉织品。然而，实际经验砸碎了帕麦斯顿这类政客锁住他们心窍的那把大锁。从1854年到1857年，向中国出口的英国工业品平均不超过125万英镑，而这是第一次对华战争以前的年份里常常达到的数字。

英国制造商发言人科布顿先生在下院说："实际上，从1842年以来，我们〈即联合王国〉丝毫也没有增加对中国的出口，至少就我们的工业品而论是如此。我们增加了茶叶的消费量，仅此而已。"③

---

① 平达《第一首奥林匹克颂歌》。——编者注
② 即1840—1842年第一次鸦片战争。——编者注
③ 科布顿《1857年2月26日在下院的演说》，载于1857年2月27日《泰晤士报》第22615号。——编者注

因此,在对华政策方面,英国制造商能够比英国主教、鸦片走私商和茶商看得广阔些。如果不算那些抓着每届政府的衣裙不放的食税者和钻营家,不算那些相信在帕姆①的庇佑下"民族将振奋起来"的糊涂的清谈爱国者,我们实际上已把帕麦斯顿所有的真正党羽都列举过了。可是我们还不要忘掉伦敦《泰晤士报》[14]和《笨拙》[44]杂志——英国新闻界的大科夫塔[45]和小丑;它们二者都被黄金的链条和官方的链条同现政府紧连在一起,因而以装模作样的热情来颂扬这位广州大屠杀[22]的英雄。这样,就应该认为下院的表决不仅意味着对帕麦斯顿的反叛,而且意味着对《泰晤士报》的反叛。所以,即将举行的选举不仅要决定是否让帕麦斯顿独揽国家的全部权力,而且还要决定是否让《泰晤士报》完全垄断舆论的制造。

那么,帕麦斯顿会用什么口号来争取大选的选票呢? 扩大对华贸易吗? 可是他已经摧毁了这种贸易赖以进行的口岸。他已经在相当长的时期内使这种贸易从海上转向了大陆,从五个通商口岸转向了西伯利亚,从英国转向了俄国。他提高了联合王国的茶叶税,这是扩大对华贸易的最大障碍。保障英国商人冒险家的安全吗? 可是政府本身提交下院的蓝皮书[46]《关于在中国发生的侮辱事件的函件》证明,最近七年来那里只发生了六起侮辱事件,其中两起的肇事者是英国人,而在其余四起中,中国当局尽力惩办了罪犯,使英国当局感到完全满意。所以,如果目前香港、新加坡等地英国商人的生命财产有危险,他们的危险也是帕麦斯顿自己招来的。但是要维护英国国旗的荣誉呀! 帕麦斯顿已经把它按每面

---

① 即亨·帕麦斯顿。——编者注

50英镑的价格出卖给香港的走私商,并且以"大批屠杀手无寸铁的英国货买主"玷污了它。然而,扩大贸易、保障英国商人冒险家的安全和维护英国国旗的荣誉这些口号,就是那些现在已向选民发表演说的政府先知们提出的仅有口号。他们聪明地避而不谈任何国内政策问题,因为"不要改革"和"增加捐税"的口号是得不到支持的。帕麦斯顿内阁的一位阁员,王室司库马尔格雷夫勋爵对选民说,他"不想提出任何政治理论"①。另一位阁员,鲍勃·娄,在基德明斯特尔发表演说时嘲笑不记名投票、扩大选举权以及诸如此类的"欺人之谈"②。还有一位阁员,拉布谢尔先生,就是那个以这样一种借口来为炮轰广州辩护的聪明人,他说,如果下院判定这一行动不正当,那么英国人民就得准备给那些财产在广州遭到毁灭的外国商人赔偿大约500万英镑,——就是那个拉布谢尔,在向汤顿的选民发表演说③时根本抛开政治,干脆就拿包令、巴夏礼、西马縻各厘的丰功伟绩来作为他竞选的论据。

可见,一家英国地方报纸所说帕麦斯顿不仅没有"高明的竞选口号,而且没有任何口号",是完全正确的。但是他的事情决不是绝望了。自下院表决以后,情况已经完全改变。对广州采取的地方性暴力行动已导致对中国的全面战争。现在的问题只是,由谁来继续进行这场战争?断言这场战争正当的人,不是比他的靠谴责这场战争而当选的对手更能有力地进行战争吗?

---

① 乔·马尔格雷夫《1857年3月在斯卡伯勒选民大会上的演说》,载于1857年3月13日《泰晤士报》第22627号。——编者注
② 罗·娄《1857年3月10日在基德明斯特尔选民大会上的演说》,载于1857年3月13日《泰晤士报》第22627号。——编者注
③ 亨·拉布谢尔《1857年3月11日在汤顿选民大会上的演说》,载于1857年3月13日《泰晤士报》第22627号。——编者注

难道帕麦斯顿不会在两届内阁之间的空位期间把事情搞得一团混乱,好使自己成为仍然不可缺少的人吗?

其次,单是发生选举斗争这件事,难道不会使问题得到有利于他的解决吗?按英国选民目前的成分,对他们大多数人来说,选举斗争就意味着辉格党[47]和托利党[48]之间的斗争。既然帕麦斯顿是辉格党的实际领袖,既然他的失败必然造成托利党的上台,那么,大多数的所谓自由派难道不会为了排斥德比而投帕麦斯顿的票吗?这些就是政府派实际所指望的。如果他们的估计正确,那么人们迄今默然忍受的帕麦斯顿的专制独裁就会公开宣告实行。新的议会多数只有毫不含糊地表现出对首相俯首听命才能存在。到了一定的时候,帕麦斯顿一撇开议会而诉诸人民,就可能会发生一次政变,正如在波拿巴撇开国民议会而诉诸全国之后发生了政变①一样。那时,正是这些人民可能会由于吃了苦头而认识到,帕麦斯顿是卡斯尔雷—西德茅斯内阁的旧阁僚。那个内阁曾经压制出版,禁止公众集会[49],中止人身保护法[50],使内阁的任意监禁和放逐合法化,最后还在曼彻斯特屠杀了反对谷物法[51]的人民[52]。

卡·马克思写于1857年3月13日　　　　原文是英文

载于1857年3月31日《纽约每日论坛报》第4975号　　　　选自《马克思恩格斯全集》中文第2版第16卷第75—79页

----

① 指路易·波拿巴于1851年12月2日在法国发动的政变。——编者注

卡·马克思

*俄国的对华贸易⁵³

在对华贸易和交往方面,帕麦斯顿勋爵和路易-拿破仑采用武力来进行扩展,而俄国所处的地位却显然令人大为羡慕。真的,非常可能,从目前同中国人发生的冲突中,俄国不要花费一个钱,不用出动一兵一卒,到头来能比任何一个参战国都得到更多的好处。

俄国同中华帝国的关系是极为奇特的。当英国人和我们⁴自己——至于法国人,他们参加目前的军事行动只能算是客串,因为他们实际上没有同中国进行贸易——连跟两广总督直接联系的权利都得不到的时候,俄国人却享有在北京派驻使节的特权。固然,据说这种特权是俄国甘愿被天朝计入中华帝国的纳贡藩属之列才换得的。但这毕竟使俄国外交在中国,也像在欧洲一样,能够产生一种决不仅限于纯粹外交事务的影响。

因为俄国人被排除在同中国的海上贸易之外,所以他们过去和现在同有关这个问题的纠纷,都没有任何利害关系或牵连;他们也没有尝到中国人对外国人的那种反感——中国人自古以来就对从海上来到他们国家的一切外国人抱有反感,而且并非毫无根据地把他们同那些看来总是出没于中国沿海的海盗式冒险家相提并论。然而俄国人却自己独享内地陆路贸易,这成了他们被排除于海上贸易之外的一种补偿。看来,在内地陆路贸易中,他们不会有什么竞争者。这种贸易是依照 1768 年叶卡捷琳娜二世在位时订立的一项条约[54]进行的,以恰克图作为主要的(如果不算是唯一的)活动中心。恰克图位于西伯利亚南部和中国的鞑靼①交界处、在流入贝加尔湖的一条河上、伊尔库茨克城以南约 100 英里的地方。这种一年一度的集市贸易,由 12 名代理商管理,其中 6 名俄国人,6 名中国人;他们在恰克图会商并规定双方商品交换的比率,因为贸易完全是用以货易货的方式进行的。中国人方面拿来交换的货物主要是茶叶,俄国人方面主要是棉织品和毛织品。近年来,这种贸易似乎有很大的增长。10 年或 12 年以前,在恰克图卖给俄国人的茶叶,平均不超过 4 万箱;但在 1852 年却达 175 000 箱,其中大部分是上等货,即在大陆消费者中间享有盛誉的所谓商队茶,完全不同于由海上进口的次等货。中国人卖出的其他商品是少量的食糖、棉花、生丝和丝织品,不过这一切数量都很有限。俄国人则付出数量大致相等的棉织品和毛织品,再加上少量的俄国皮革、金属制品、毛皮,甚至还有鸦片。买卖货物的总价值——按照公布的账目来看,货物定价都不高——竟达 1 500 万美元以上的巨额。1853年,因为中国内部不安定②以及产茶省区的通路被明火执仗的起义者队伍占领,所以运到恰克图的茶叶数量减少到 5 万箱,那一年的全部贸易额只有 600 万美元左右。但是在随后的两年

---

① 西方通常将中国北方诸民族泛称为"鞑靼",此处显然指蒙古。——编者注
② 指太平天国革命。——编者注

内,这种贸易又恢复了,运往恰克图供应 1855 年集市的茶叶不下 112 000 箱。

由于这种贸易的增长,位于俄国境内的恰克图就由一个普通的要塞和集市地点发展成一个相当大的城市了。它被选中成为这一带边区的首府,荣幸地驻上了一位军事司令官和一位民政长官。同时,恰克图和距离它约 900 英里的北京之间,最近建立了直接的、定期的邮政交通以传递公文。

很显然,如果同中国的海上贸易由于现在发生的军事行动而停止,欧洲所需的全部茶叶可能就只有靠这条商路供应了。实际上,有人认为,即使在海上贸易畅通的情况下,俄国在完成了它的铁路网建设以后,也会在供应欧洲市场茶叶方面成为海运国家的一个强有力的竞争者。这些铁路将直接沟通喀琅施塔得和利包两港同俄国内地的古城——下诺夫哥罗德(在恰克图经商的商人居住的地方)之间的交通。欧洲将从这条陆路得到茶叶的供应,自然比使用我们[4]拟议中的太平洋铁路来达到这一目的的可能性要大。中国的另一宗主要出口物——丝,也是一种体积小价值大因而完全可以由陆路运输的货物;同时,同中国的这种贸易也为俄国的工业品打开了在别处找不到的销路。

然而,可以看出,俄国的努力决不只限于发展这种内陆贸易。它占领黑龙江沿岸的地方——当今中国统治民族的故乡——已经有几年的时间了。[55]它在这方面的努力,在上次战争[32]期间曾受阻中断,但是,无疑它将来会恢复并大力推进这种努力。俄国占领了千岛群岛和与其毗邻的堪察加沿岸。它在这一带海面上已经拥有一支舰队,无疑它将来会利用可能出现的任何机会来谋求参与同中国的海上贸易。不过对它说来,这与扩大已经为它所垄断的陆路贸易相比,其重要性就差多了。

卡·马克思写于 1857 年 3 月 18 日
前后

作为社论载于 1857 年 4 月 7 日
《纽约每日论坛报》第 4981 号

原文是英文

选自《马克思恩格斯选集》第 3 版
第 1 卷 786—789 页

卡·马克思

*英人在华的残暴行动⁵⁶

几年以前,当在印度施行的可怕的刑讯制度在议会中被揭露的时候,极可尊敬的东印度公司³的董事之一詹姆斯·霍格爵士曾厚颜无耻地硬说这种说法是没有根据的。可是后来的调查证明,这种说法有事实作根据,而且这些事实对东印度公司的董事们来说应当是十分清楚的。因此,詹姆斯爵士对于东印度公司被指控的那些可怕的事情,只有或者承认是"有意不闻",或者承认是"明知故纵"。看来,英国现任首相帕麦斯顿勋爵和外交大臣克拉伦登伯爵现在也处于同样的窘境。首相在市长①不久前举行的宴会上的演说②中,企图为施于中国人的残暴行为进行辩护,他说:

"如果政府在这件事情上赞同采取无理的行动,毫无疑问,它走的就是一条应受议会和全国谴责的道路。但是相反,我们深信这些行动是必需的和至关重要的。我们认为,我国受到了严重的欺凌。我们认为,我国同胞在

---

① 托·奎·芬尼斯。——编者注
② 亨·帕麦斯顿《1857年3月20日在市长官邸举行的宴会上的演说》,载于1857年3月21日《泰晤士报》第22634号。——编者注

・51・

地球的遥远地方遭到了种种侮辱、迫害和暴虐,对此我们不能默不作声。(喝彩声)我们认为,我国根据条约应享有的权利已遭到破坏,而在当地负责保护我国在世界那个地区利益的人员,不仅有理由而且有义务尽量利用他们所能采取的手段来表示对这些暴行的义愤。我们认为,如果我们不赞同采取那些在我们看来是正确的,而且我们设身处地也会认为自己有责任采取的行动,那我们就是辜负了我国同胞对我们所寄予的信任。(喝彩声)"

但是,无论英国人民和全世界怎样为这些讲得头头是道的解释所欺骗,勋爵大人自己肯定不会相信这些解释的真实性,要是他认为这些都是真的,那就暴露出他是有意不去了解真实情况,同"明知故纵"几乎同样是不可原谅的。自从英国人在中国采取军事行动的第一个消息传来以后,英国政府报纸和一部分美国报刊就连篇累牍地对中国人进行了大量的斥责,大肆攻击中国人违背条约的义务、侮辱英国的国旗、羞辱旅居中国的外国人,如此等等。可是,除了亚罗号划艇事件[13]以外,它们举不出一个明确的罪名,举不出一件事实来证实这些指责。而且就连这个事件的实情也被议会中的花言巧语歪曲得面目全非,以至使那些真正想弄清这个问题真相的人深受其误。

亚罗号划艇是一只中国小船,船员都是中国人,但是为几个英国人所雇用。这只船曾经取得暂时悬挂英国国旗航行的执照,可是在所谓的"侮辱事件"发生以前,这张执照就已经满期了。据说,这只船曾被用来偷运私盐,船上有几名歹徒——中国的海盗和走私贩,当局早就因为他们是惯犯而在设法缉捕。当这只船不挂任何旗帜下帆停泊在广州城外时,缉私水师得知这些罪犯就在船上,便逮捕了他们。要是我们的港口警察知道附近某一只本国船或外国船上隐匿水贼和走私贩,也一定会这样做的。可是因为这次逮捕妨碍了货主的商务,船长就向英国领事①控告。这位领事是个就职不久的年轻人,据我们了解是一个性情暴躁的人。他**亲自**跑到船上,同只是履行自己职责的缉私水师大吵大闹,结果一无所得。随后他急忙返回领事馆,用命令式的口吻向两广总督①提出书面要求:放回被捕者并道歉,同时致书香港的约翰·包令爵士和海军将军西马糜各厘,说什么他和英国国旗遭到了不可容忍的侮辱,并且相当明显地暗示说,期待已久的向广州来一次示威的良机到来了。

叶总督②有礼貌地、心平气和地答复了激动的年轻英国领事的蛮横要求。他说明捕人的理由,并对因此而引起的误会表示遗憾。同时他断然否认有丝毫侮辱英国国旗的意图,而且送回了水手,因为尽管这些人是依法逮捕的,但他不愿为拘留他们而招致这样严重的误会。然而这一切并没有使巴夏礼领事先生感到满意,他坚持要求正式道歉和以隆重礼节送回被捕者,否则叶总督必须承担一切后果。接着西马糜各厘将军率领英国舰队抵达,旋即开始了另一轮公函往来:海军将军态度蛮横,大肆恫吓,中国总督则心平气和、冷静沉着、彬彬有礼。西马糜各厘将军要求在广州城内当面会商。叶总督说,这违反先例,而且乔治·文翰爵士曾答应不提这种要求。如果有必要,他愿意按照常例在城外会晤,或者采取其他不违反中国习惯与相沿已久的礼节的方式来满足将军的愿望。但是这一切都未能使这位英国强权在东方的好战的代表称心如意。

---

① 斯·巴夏礼。——编者注
② 叶名琛。——编者注

这场极端不义的战争就是根据上面简单叙述的理由而进行的——现在向英国人民提出的官方报告完全证实了这种叙述。广州城的无辜居民和安居乐业的商人惨遭屠杀，他们的住宅被炮火夷为平地，人权横遭侵犯，这一切都是在"中国人的挑衅行为危及英国人的生命和财产"这种站不住脚的借口下发生的！英国政府和英国人民——至少那些愿意弄清这个问题的人们——都知道这些非难是多么虚伪和空洞。有人企图转移对主要问题的追究，给公众造成一个印象：似乎在亚罗号划艇事件以前就有大量的伤害行为足以构成开战的理由。可是这些不分青红皂白的说法是毫无根据的。英国人控告中国人一桩，中国人至少可以控告英国人九十九桩。

英国报纸对于旅居中国的外国人在英国庇护下每天所干的破坏条约的可恶行为真是讳莫如深！非法的鸦片贸易年年靠摧残人命和败坏道德来填满英国国库的事情，我们一点也听不到。外国人经常贿赂下级官吏而使中国政府失去在商品进出口方面的合法收入的事情，我们一点也听不到。对那些被卖到秘鲁沿岸去当不如牛马的奴隶、被卖到古巴去当契约奴隶的受骗契约华工横施暴行"以至杀害"的情形[57]，我们一点也听不到。外国人常常欺凌性情柔弱的中国人的情形以及这些外国人带到各通商口岸去的伤风败俗的弊病，我们一点也听不到。我们所以听不到这一切以及更多得多的情况，首先是因为在中国以外的大多数人很少关心这个国家的社会和道德状况；其次是因为按照精明和谨慎的原则不宜讨论那些不能带来钱财的问题。因此，坐在家里而眼光不超出自己买茶叶的杂货店的英国人，完全可以把政府和报纸塞给公众的一切胡说吞咽下去。

与此同时,在中国,压抑着的、鸦片战争时燃起的仇英火种,爆发成了任何和平和友好的表示都未必能扑灭的愤怒烈火。[58]

卡·马克思写于 1857 年 3 月 22 日前后

作为社论载于 1857 年 4 月 10 日《纽约每日论坛报》第 4984 号

原文是英文

选自《马克思恩格斯选集》第 3 版第 1 卷第 790—793 页

弗·恩格斯

*英人对华的新远征[59]

如果英国人向中国人挑起的这场争端达到顶点,那就可以预料,其结果将是一次新的陆海军远征,与 1841—1842 年因鸦片争端而引起的远征一样。那一次英国人轻而易举地向中国人勒索到大宗银两,这很可能引诱他们再进行一次同样的尝试;他们是这样一个民族,虽然非常厌恶**我们**[4]的掠夺本性,但是自己却保留了大量的——并不比我们少一些——为我们 16 世纪和 17 世纪共同祖先所特有的那种古老的海盗式掠夺精神。然而自从英国人为贩卖鸦片而进行了那头一次顺利的掠夺性入侵以来,中国的局势已有重大的变化,因此令人十分怀疑的是:在当前进行同样的远征能否得到大略相同的结果。新的远征无疑将从香港岛出发,同 1841—1842 年那次一样。那次远征的舰队包括有:2 艘装有 74 门炮的炮舰,8 艘三桅快速战舰,多艘海岸炮舰和双桅横帆艇,12 艘蒸汽舰和 40 艘运输船;舰船上全部兵力,包括海军陆战队在内,达 15 000人。新的远征使用的兵力大概不会比这少;实际上,我们下面叙述的许多理由将说明,他们会使用比这多得多的兵力。

1841—1842 年的远征军在 1841 年 8 月 21 日由香港出发,首先占领厦门,随后在 10 月 1 日占领了舟山岛,把这个岛作为他们

鸦片战争(1840—1842年)形势图

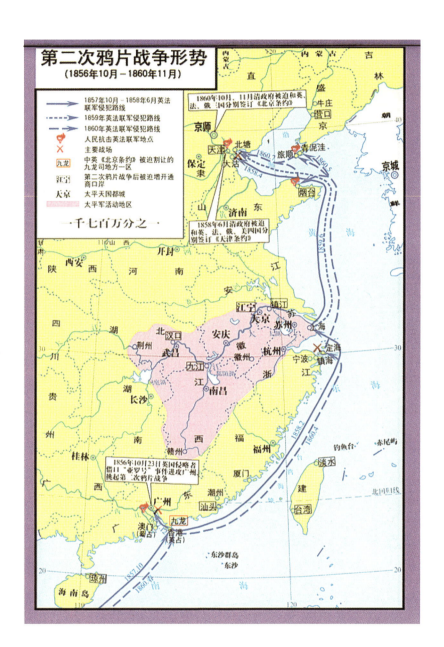

第二次鸦片战争(1856—1860年)形势图

以后军事行动的基地。这种军事行动的目的,在于侵入中部大河长江,并溯江而上,直达离江口约200英里的南京城。长江把中国分为截然不同的南北两部分。自南京顺流而下约40英里处,皇家运河流入并穿过大江,这条运河是南北各省之间的通商要道。采取这种进攻步骤的用意是,夺取这条重要通道就会置北京于死地,迫使皇帝①立即媾和。1842年6月13日,英军在亨利·璞鼎查爵士率领下逼近了吴淞,到达与此地同名小河的河口。这条河②由南流来,在紧靠长江注入黄海的地方流入长江口。吴淞口是位于它南面不远的上海的港口。吴淞口岸边建有炮台,可是它们全被毫不费力地攻下了。接着一支入侵的军队向上海进发,上海未经任何抵抗就投降了。长江岸边安分怕事的居民,度过了将近二百年的长期和平生活,现在才第一次经历战争。虽然英军当时还没有遇到居民的什么抵抗,可是江口本身和从海上接近江口的地方却极难通过。长江江口广阔,它的两岸在入海处半为泥滩,几乎很难辨认,因为海面在离岸许多里格③内是一片黄浊,黄海即由此得名。打算驶入长江的船只不得不谨慎地沿南岸前进,不断地用水砣测量深度,以免碰上由流沙形成的堵塞江道的浅滩。沿江口直到巨大的崇明岛北端,到处都有这种浅滩;崇明岛位于江口中心,把江口分成两条水道。过了这个长约30英里的崇明岛以后,长江两岸即开始高出水面,可是水道却十分曲折。海潮可涨到镇江府**60**,镇江府约在长江口与南京距离之半的地方。实际上,对溯江上驶的船只来说,从这里开始所看到的才算是一条江河,在此之前

---

① 道光帝。——编者注
② 事实上这条河应是黄浦江。——编者注
③ 旧时长度单位,1里格约等于5公里或3海里。——编者注

的那一段只是海上的一个河口或臂形海湾。英国舰队在到达这个地点以前,遇到了一些严重的困难。从舟山停泊处出发,用了15天才走了80英里。在崇明岛附近,曾有几艘较大的船只搁浅,但涨潮后就驶开了。英国人在克服了这些困难和逼近镇江城的时候,才充分认识到:这些中国的鞑靼①士兵无论军事技术怎样差,却决不缺乏勇敢和锐气。这些鞑靼士兵总共只有1 500人,但殊死奋战,直到最后一人。他们在应战以前好像就已料到战斗的结局,他们将自己的妻子儿女绞死或者淹死。后来从井中曾打捞出许多尸体。主将看到大势已去,就焚烧了自己的房屋,投火自尽。在这次攻击中,英军损失了185人,他们为了报复,在劫城的时候进行了无比残忍的蹂躏屠杀。英军此次作战自始至终大发兽性,这种兽性和引起这次战争的贩私贪欲完全相符。如果这些侵略者到处都遭到同样的抵抗,他们绝对到不了南京。可是事实上不是这样。对岸的瓜洲城投降了,并交出了300万元的赎金,英国海盗自然是分外高兴地将这笔钱放进了腰包里。

过了镇江,航道深达30英寻②,因此,就深度来说航行已很便利,可是某些地方的水流非常湍急,每小时不下于六七英里。但是没有什么力量能够制止这些军舰开往南京。8月9日,英军终于在南京城下抛锚了。结果不出英军所料。皇帝恐惧万分,只得于8月29日签订条约[17];而现在英国人就是借口中国人破坏了这个条约而提出了以新战争相威胁的新要求。

如果这次新战争真的打起来,大概还会按前一次战争的样子

---

① 西方通常将中国北方诸民族泛称为"鞑靼"。此处"鞑靼"士兵意即满清士兵。——编者注
② 1英寻等于1.829米。——编者注

来进行。但是,现在有许多原因使英国人不能指望得到同样轻易的成功了。那一次战争的经验,中国人是不会白白忘掉的。不久以前在珠江的军事行动中,中国人在炮兵射击和防御方法上技术大有进步,以致使人怀疑在中国军队中是否有欧洲人。在一切实际事务中——而战争就是极其实际的——中国人远胜过一切东方人,因此毫无疑问,英国人定会发现中国人在军事上是自己的高才生。其次,如果英军这次又企图溯长江而上,他们很可能遇到看来他们在上次战争中没有遇到的人工设置的障碍。而最重要的一点是,再度占领南京,未必会在北京朝廷中引起像上次那样的惶恐不安。很长时间以来,南京及其周围很大部分地区都是在起义者①的手里,有一个——也许是几个——起义领袖以南京为自己的大本营⁶¹。在这种情况下,英军如占领南京,对于皇帝②来说那可能是求之不得的。将起义者赶出南京,这倒是替皇帝效劳,但英军占领这个城市后,要守住它,将会是一件相当困难、麻烦和危险的事情,而且近来的经验已经证明,南京被一支敌军占领,对于北京或皇帝的统治可能也不会马上造成什么致命的后果。

弗·恩格斯写于 1857 年 4 月初

作为社论载于 1857 年 4 月 17 日《纽约每日论坛报》第 4990 号

原文是英文

选自《马克思恩格斯全集》中文第 2 版第 16 卷第 102—107 页

---

① 指太平军。——编者注
② 咸丰帝。——编者注

弗·恩格斯

波斯和中国⁶²

英国人在亚洲刚结束了一场战争[26]，现在又开始进行另一场战争[63]了。波斯人对英国侵略的抵抗和中国人迄今对英国侵略所进行的抵抗，形成了值得我们注意的对照。在波斯，欧洲式的军事组织被移植到亚洲式的野蛮制度上；在中国，这个世界上最古老国家的腐朽的半文明制度，则用自己的手段与欧洲人进行斗争。波斯被打得一败涂地，而绝望的、陷于半瓦解状态的中国，却找到了一种抵抗办法，这种办法实行起来，就不会再有第一次英国对华战争①那种节节胜利的形势出现了。

波斯的状况与1828—1829年俄土战争[64]时土耳其的状况相同。英国的、法国的、俄国的军官曾先后尝试过组织波斯的军队。各种办法相继采用，但是每一种办法都行不通，因为那些本来应在这些办法的实施下成为欧洲式军官和士兵的东方人忌妒、阴险、愚昧、贪婪而又腐败。新式的正规军从来没有机会在战场上考验一下自己的组织性和战斗力。它的全部战绩只限于对库尔德人、土库曼人和阿富汗人的几次征讨，而在这几次征讨中，它只是作为波

---

① 即1840—1842年的第一次鸦片战争。——编者注

斯数量众多的非正规骑兵的某种核心或预备队。实际作战的主要是非正规骑兵,而正规军通常只是利用它那表面威武的阵势来吓唬敌人而已。最后,同英国的战争终于爆发了。

英军进攻布什尔,遇到了虽然无效但却勇敢的抵抗。但是在布什尔作战的并不是正规军,而是从住在海滨地区的波斯人和阿拉伯人中征召兵员编成的非正规部队。正规军当时还正在大约60英里以外的山区集结。最后,他们向前挺进了。英印军队与他们在中途相遇;虽然波斯人很熟练地运用了自己的大炮,并按照最佳原则排列了方阵,但是仅仅一个印度骑兵团的一次冲杀,就把整个波斯军队,无论警卫部队还是基干部队,完全扫出了战场。要想知道这些印度正规骑兵自己作战的本领如何,只要看看诺兰上尉写的一本关于骑兵的书①就够了。英印军官认为他们无用已极,远不如英印非正规骑兵。诺兰上尉找不出一个能说明他们表现良好的战例。可是600名这样的骑兵竟能打跑1万名波斯军队!波斯正规军如此心寒胆裂,以致从那以后,除炮兵外,他们在任何地方都没有进行过一次抵抗。在穆罕默腊,他们远远地避开危险,让炮兵单独防守炮台,炮台一被打哑,他们就立即撤退;当英军为了进行侦察,派300名步兵和50名非正规骑兵登陆时,波斯全军即行退却,把辎重、军需品和枪炮都留给了侵略者——你不能把这些英国人叫做胜利者。

但是不应根据这一切来指责波斯人是懦夫的民族,也不应由此认为不能教东方人学欧洲式战术。1806—1812年俄土战争**65**和1828—1829年俄土战争提供了许多这方面的事例。抵抗俄军

---

① 刘·爱·诺兰《骑兵的历史与战术》1854年伦敦第2版。——编者注

最有力的都是非正规部队,这些非正规部队的兵员既有从设防城市征召来的,也有从山区省份征召来的。正规军只要一上战场,就立刻被俄军击溃,并且常常刚一听到枪炮声就逃跑;而一个由阿尔瑙特人①编成的非正规连,竟在瓦尔纳的一个深谷中成功地抵抗俄军的围攻达几星期之久。但是在最近的那场战争中,从奥尔泰尼察和切塔泰到卡尔斯和因古里河,土耳其的正规军每次交战都击败了俄军。**66**

事实是:把新的军队按欧洲方式来加以编组、装备和操练,还远不能算是完成了把欧洲的军事组织引用于野蛮民族的工作。这只是第一步。采用某种欧洲式的军事条令,也是不够的;欧洲式的军事条令不能保证培养出欧洲式的纪律,就如同一套欧洲式的操典本身不能产生欧洲式的战术和战略一样。主要的问题,同时也是主要的困难就在于:需要造就一批按照欧洲的现代方式培养出来的、在军事上完全摆脱了旧的民族偏见和习惯的、能使新部队振作精神的军官和士官。这需要很长的时间,而且一定还会遇到东方人的愚昧、急躁、偏见以及东方宫廷所固有的宠辱无常等因素的最顽强的抗拒。只要士兵在检阅时可以列队行进,在转换方向、展开队形和排成纵队时不致乱成一团,那么苏丹或沙赫就会很容易认为自己的军队已经无所不能了。至于军事学校,由于它们收效很慢,所以在东方政府不稳定的情况下,很难期望收到任何效果。甚至在土耳其,受过训练的军官也很少,土耳其军队如果不是有大量的叛教者②和欧洲军官,它在最近那次战争中就根本打不了仗。

---

① 土耳其人对阿尔巴尼亚人的称呼。——编者注
② 指原信基督教后改信伊斯兰教的人。——编者注

到处都成为例外的唯一兵种是炮兵。东方人在这方面太无知无能了,他们只好把炮兵的管理完全交给欧洲教官。结果,在波斯也像在土耳其一样,炮兵比步兵和骑兵强得多。

英印军队是所有按照欧洲方式组织起来的东方军队中最老的一支,也是唯一不隶属于东方政府而隶属于纯粹欧洲式政府,并且差不多完全由欧洲军官指挥的军队。很自然,在上述那种情况下,这样一支军队,又有大量英国后备部队和强大海军做后盾,是不难把波斯的正规军击溃的。挫折越严重,对于波斯人越有好处。正如土耳其人已经懂得的那样,波斯人现在也会懂得:欧洲式的服装和阅兵操练本身还不是一种护符;再过 20 年以后,波斯人可能就会像个样子了,就像土耳其人在最近的各次胜利中所表现的那样。

据说,攻克布什尔和穆罕默腊的军队将立即调往中国。在中国,他们将遇到不同的敌人。抗击他们的将不是依照欧洲方式部署的部队,而是大群亚洲人摆成的不规则的战阵。毫无疑问,他们将不难对付这种队伍。可是,如果中国人发起全民战争来抵抗他们,如果野蛮人毫无顾虑地运用他们善于运用的唯一武器,英国人又怎么办呢?

现在,中国人的情绪与1840—1842年战争①时的情绪已显然不同。那时人民保持平静,让皇帝的军队去同侵略者作战,失败之后,则抱着东方宿命论的态度屈从于敌人的暴力。但是现在,至少在迄今斗争所及的南方各省,民众积极地而且是狂热地参加反对外国人的斗争。他们经过极其冷静的预谋,在供应香港欧洲人居住区的面包里大量地投放了毒药。(有几只面包送交李比希化

---

① 第一次鸦片战争。——编者注

验。他发现面包的各个部分都含有大量的砒霜,这表明在和面时就已掺入砒霜。但是药量过大,结果一定是变成了呕吐剂,因而抵消了毒效。)他们暗带武器搭乘商船,而在中途杀死船员和欧洲乘客,夺取船只。他们绑架和杀死所能遇到的每一个外国人。连移民到外国去的苦力都好像事先约定好了,在每一艘移民船上起来暴动,夺取船只,他们宁愿与船同沉海底或者在船上烧死,也不投降。甚至国外的华侨——他们向来是最听命和最驯顺的臣民——也进行密谋,突然在夜间起事,如在沙捞越就发生过这种情形;又如在新加坡,当局只是靠武力和戒备才压制住他们。是英国政府的海盗政策造成了这一所有中国人普遍奋起反抗所有外国人的局面,并使之表现为一场灭绝战。

军队对于采取这种作战方法的民族有什么办法呢?军队应当在什么地方进入敌国,深入到什么地方和怎样在那里坚守下去呢?这些把炽热的炮弹射向毫无防御的城市、杀人又强奸妇女的文明贩子们[22],尽可以把中国人的这种抵抗方法叫做卑劣的、野蛮的、凶残的方法;但是只要这种方法有效,那么对中国人来说这又有什么关系呢?既然英国人把他们当做野蛮人对待,那么英国人就不能反对他们充分利用他们的野蛮所具有的长处。如果他们的绑架、偷袭和夜间杀人就是我们所说的卑劣行为,那么这些文明贩子们就不应当忘记:他们自己也承认过,中国人采取他们通常的作战方法,是不能抵御欧洲式的破坏手段的。

简言之,我们不要像道貌岸然的英国报刊那样从道德方面指责中国人的可怕暴行,最好承认这是"保卫社稷和家园"的战争①,

———————

① 西塞罗《论神之本性》。——编者注

这是一场维护中华民族生存的人民战争。虽然你可以说,这场战争充满这个民族的目空一切的偏见、愚蠢的行动、饱学的愚昧和迂腐的野蛮,但它终究是人民战争。而对于起来反抗的民族在人民战争中所采取的手段,不应当根据公认的正规作战规则或者任何别的抽象标准来衡量,而应当根据这个反抗的民族所刚刚达到的文明程度来衡量。

这一次,英国人陷入了窘境。直到现在,中国的民族狂热似乎还只限于南方未参加大起义①的几个省份。战争是否将以这几个省为限呢?这样,它就不会得到任何结果,因为中国的一切要害地方都不会受到威胁。而如果这种狂热延及内地的人民,那么这场战争对于英国人将是非常危险的。广州城可以被整个毁掉,沿海能攻占的一切据点都可以被攻占,可是英国人所能调集的全部兵力都不足以攻取并守住广东和广西两省。在这种情况下,他们还能再干些什么呢?广州以北到上海、南京一带的地区都掌握在中国起义者手里,触犯他们,那将是下策;而南京以北唯一可能在袭击后收到决定性效果的地点是北京。这样就得在海岸上建立有防御工事和守备部队的作战基地,进军途中要克服一个一个的障碍,要留下分遣队以保证同海岸的交通,而且要以大军压境之势抵达这座与伦敦一样大、离登陆地点 100 英里远的城池之下。可是所需的军队在哪里呢?另一方面,对京城的示威行动如果成功,就会从根本上动摇中华帝国本身的存在,就会加速清王朝的倾覆,就会给俄国而不是给英国铺平前进的道路。

新的英中战争形势极为复杂,使人根本无法预料它将如何发

---

① 指太平天国革命。——编者注

展。在几个月内兵力不足以及在更长时间内缺乏决心,将使英军不会有什么行动,只有在某个不重要的地方或许出现例外,在目前情况下广州也可以算是这样的地方。

有一点是肯定无疑的,那就是旧中国的死亡时刻正在迅速临近。国内战争已经把帝国的南方与北方分开,看来起义者之王①在南京不会受到帝国军队的危害(当然不能说不会受到他自己手下人阴谋之害**67**),正如天朝皇帝②在北京不会受到起义者的危害一样。广州迄今是在独自进行着一种反对英国人、也是根本反对一切外国人的战争;正当英法两国的海陆军向香港集结之际,西伯利亚边界线上的哥萨克缓慢地但是不停地把他们的驻屯地由达斡尔山向黑龙江沿岸推移,俄国海军陆战队则构筑工事把满洲的良好港湾包围起来。中国的南方人在反对外国人的斗争中所表现的那种狂热本身,似乎表明他们已觉悟到旧中国遇到极大的危险;过不了多少年,我们就会亲眼看到世界上最古老的帝国的垂死挣扎,看到整个亚洲新纪元的曙光。

弗·恩格斯写于 1857 年 5 月 20 日前后

载于 1857 年 6 月 5 日《纽约每日论坛报》第 5032 号

原文是英文

选自《马克思恩格斯选集》第 3 版第 1 卷第 794—800 页

---

① 洪秀全。——编者注
② 咸丰帝。——编者注

瞻望亚洲曙光（中国画）　高莽

卡·马克思

鸦片贸易史[68]

一

联军全权代表强迫中国订立新条约①的消息,看来引起了以为贸易将有大规模扩展的狂想,同第一次对华战争结束后1845年时商人们头脑中产生的狂想完全一样。即使彼得堡的电讯所传属实,是否能完全肯定,通商口岸一增多,对华贸易就必然会扩大呢?是否能够指望1857—1858年的战争会比1841—1842年的战争导致更好的结果呢? 有一件事是肯定无疑的:1843年的条约并没有使美国和英国对中国的出口增加,倒是起了加速和加深1847年商业危机的作用。现时的这个条约也是一样,它使人们梦想得到一个无穷尽的市场,使人们产生不切实际的希望,可能就在世界市场刚刚从不久以前的普遍恐慌中逐渐复原的时候,又促进新危机的形成。除了这个消极后果以外,第一次鸦片战争还刺激了鸦片贸易的增长而损害了合法贸易;只要整个文明世界的压力还没有迫使英国放弃在印度强制种植鸦片和以武力在中国推销鸦片的做法,那么这第二次鸦片战争就会产生同样的后果。我们不想详述

---

① 1858年天津条约。——编者注

这种贸易的道德方面,关于这种贸易,连英国人蒙哥马利·马丁都这样写道:

"不是吗,'奴隶贸易'比起'鸦片贸易'来,都要算是仁慈的。我们没有毁灭非洲人的肉体,因为我们的直接利益要求保持他们的生命;我们没有**败坏他们的品格、腐蚀他们的思想,也没有毁灭他们的灵魂**。可是鸦片贩子在腐蚀、败坏和毁灭了不幸的罪人的精神存在以后,还杀害他们的肉体;每时每刻都有新的牺牲者被献于永不知饱的摩洛赫①之前,英国杀人者和中国自杀者竞相向摩洛赫的祭坛上供奉牺牲品。"②

中国人不能既购买商品又购买毒品;在目前条件下,扩大对华贸易也就是扩大鸦片贸易;增加鸦片贸易是和发展合法贸易不相容的。这些论点早在两年以前已经得到相当普遍的承认。1847年为调查英中贸易状况而委派的一个下院委员会曾提出报告说:

"我们感到遗憾的是:一段时间以来,同这个国家的贸易处于很不能令人满意的状态,**扩大我们交往的结果竟一点也没有实现我们的合理期望**,而这种期望本来是在**能够更自由地进入这样一个了不起的大市场**的基础上自然而然地产生出来的…… 我们发现,贸易受到阻碍并不是因为中国不需要英国商品或别国竞争加强…… **花钱买鸦片**……消耗了白银从而大大妨碍了中国人的一般贸易;实际上就必须用茶叶和丝来偿付其他商品。"③

1849年7月28日的《中华之友》**23**在概括同一种观点时,十分肯定地说:

---

① 古腓尼基人所奉祀的火神,以人做祭品。——编者注
② 蒙·马丁《论中国的政治、商业和社会》1847年伦敦版第2卷。——编者注
③ 见1847年8月28日《经济学家》第209期增刊。——编者注

"鸦片贸易在不断地增长。英国和美国对于茶叶和丝的需求增大,只会使鸦片贸易继续增长;制造商的情况是毫无希望的。"

一位在中国的美国大商人,在 1850 年 1 月份汉特的《商人杂志》[69]上刊登的一篇文章里,把对华贸易的全部问题归结为如下一点:

"停止哪一种贸易——鸦片贸易还是美英产品的出口贸易?"

中国人自己对这个问题的看法也正是这样。蒙哥马利·马丁说:

"我曾问过上海道台①,促进我们对华贸易的最好办法是什么。他当着女王陛下的领事巴富尔上尉的面立刻回答我说:'别再向我们运送那么多鸦片,我们就能够买你们的产品。'"

最近八年来全部贸易的历史给这个论点提供了新的、十分明显的说明;但是在分析鸦片贸易对合法贸易的有害影响以前,我们先来简单地回顾一下这种触目惊心的贸易的产生和发展。这种贸易,无论就可以说是构成其轴心的那些悲惨冲突而言,还是就其对东西方之间一切关系所发生的影响而言,在人类历史记录上都是绝无仅有的。

在 1767 年以前,由印度输出的鸦片数量不超过 200 箱,每箱重约 133 磅。中国法律许可鸦片作为药品输入,每箱鸦片抽税 3 美元左右;当时从土耳其贩运鸦片的葡萄牙人几乎是唯一给天朝帝国输入鸦片的商人。

1773 年,堪与埃芒蒂耶之流、帕尔默之流以及其他世界闻名

---

① 宫慕久。——编者注

的毒品贩子并驾齐驱的沃森上校和惠勒副董事长,建议东印度公司[3]同中国进行鸦片贸易。于是在澳门西南的一个海湾里下碇的船只上,建立起了鸦片堆栈。但是这种投机买卖最后失败了。1781年,孟加拉省政府派了一艘满载鸦片的武装商船驶往中国;1794年,东印度公司就派了一艘运载鸦片的大船停在黄埔——广州港的停泊处。看来,黄埔做堆栈比澳门更便利,因为黄埔被选定做堆栈以后才过两年,中国政府就觉得有必要颁布法令,用杖责和枷号示众来震慑中国的鸦片走私者了。大约在1798年,东印度公司不再是鸦片的直接出口商,而成了鸦片的生产者。在印度,实行了鸦片垄断,同时东印度公司伪善地禁止自己的船只经营这种毒品的买卖,而该公司发给同中国做买卖的私人船只的执照中却附有条件,规定这些船只如载运非东印度公司生产的鸦片要受处罚。

1800年,输入中国的鸦片已经达到2 000箱。在18世纪,东印度公司与天朝帝国之间的斗争,具有外国商人与一国海关之间的一切争执都具有的共同点,而从19世纪初起,这个斗争就具有了非常突出的独有的特征。中国皇帝①为了制止自己臣民的自杀行为,下令同时禁止外国人输入和本国人吸食这种毒品,而东印度公司却迅速地把在印度种植鸦片和向中国私卖鸦片变成自己财政系统的不可分割的部分。半野蛮人坚持道德原则,而文明人却以自私自利的原则与之对抗。一个人口几乎占人类三分之一的大帝国,不顾时势,安于现状,人为地隔绝于世并因此竭力以天朝尽善尽美的幻想自欺。这样一个帝国注定最后要在一场殊死的决斗中

---

① 嘉庆帝。——编者注

被打垮:在这场决斗中,陈腐世界的代表是激于道义,而最现代的社会的代表却是为了获得贱买贵卖的特权——这真是任何诗人想也不敢想的一种奇异的对联式悲歌。

二

正因为英国政府在印度实行了鸦片垄断,中国才采取了禁止鸦片贸易的措施。天朝的立法者对违禁的臣民所施行的严厉惩罚以及中国海关所颁布的严格禁令,结果都毫不起作用。中国人的道义抵制的直接后果就是,帝国当局、海关人员和所有的官吏都被英国人弄得道德堕落。侵蚀到天朝官僚体系之心脏、摧毁了宗法制度之堡垒的腐败作风,就是同鸦片烟箱一起从停泊在黄埔的英国趸船上被偷偷带进这个帝国的。

东印度公司一手扶植的、北京中央政府抵制无效的鸦片贸易规模日益增大,到 1816 年,鸦片年贸易额已将近 250 万美元。就在这一年印度的贸易开放了,只有茶叶贸易一项例外,仍由东印度公司继续垄断。印度贸易的开放又大大推动了英国鸦片走私商的活动。1820 年,偷运入中国的鸦片增加到 5 147 箱,1821 年达 7 000 箱,1824 年达 12 639 箱。在这个时候,中国政府向外国商人提出严重警告,同时惩办了被认为是与外国商人同谋共犯的行商[7],大力查办了本国的鸦片吸食者,并且在自己的海关采取了更严厉的措施。最终的结果,一如 1794 年所做的同样努力,只是把鸦片堆栈由一个不牢靠的地点驱赶到一个更便于经营的基地。鸦片堆栈从澳门和黄埔转到了珠江口附近的伶仃岛;在那里,全副武装、人员众多的船只上建起了固定的鸦片堆栈。同样地，当中国政府暂时制止住了广州旧有窑口①的营业时，鸦片贸易只是转了一道手，转到比较小的商人手里，他们不惜冒一切危险采用任何手段来进行这种贸易。在由此产生的更有利的条件下，鸦片贸易在1824年到1834年的10年当中，就由12 639箱增加到21 785箱。

1834年，也像1800年、1816年、1824年一样，在鸦片贸易史上标志着一个时代。东印度公司不仅在那一年失去了经营中国茶叶的特权，而且必须完全停止一切商务。由于东印度公司从商务机构改组为纯粹的政府机构，对华贸易就向英国私人企业敞开了大门，这些企业干得非常起劲，尽管天朝政府拼命抵制，在1837年还是把价值2 500万美元的39 000箱鸦片顺利地偷运进了中国。这里有两件事实要注意：第一，从1816年起，在对华出口贸易的每一个发展阶段上，鸦片走私贸易总是占着大得极不相称的比例。第二，就在英印政府在鸦片贸易上明显的商业利益逐渐消失的同时，它在这种非法贸易上的财政利益却越来越重要了。1837年，中国政府终于到了非立即采取果断行动不可的地步。因输入鸦片而造成的白银不断外流，开始扰乱天朝帝国的国库收支和货币流通。中国最有名的政治家之一许乃济，曾提议使鸦片贸易合法化而从中取利；但是经过帝国全体高级官吏一年多的全面审议，中国政府决定："此种万恶贸易毒害人民，不得开禁。"**70**早在1830年，如果征收25%的关税，就会带来385万美元的收入，到1837年，就会双倍于此。可是，天朝的野蛮人当时拒绝征收一项随着人民堕落的程度而必定会增大的税收。1853年，当今的咸丰帝虽然处境

---

① 私卖鸦片烟的店铺。——编者注

更加困难，并且明知为制止日益增多的鸦片输入而作的一切努力不会有任何结果，但仍然恪守自己先人的坚定政策。顺便要指出的是：这位皇帝把吸食鸦片当做邪教一样来取缔，从而使鸦片贸易得到了宗教宣传的一切好处。中国政府在 1837 年、1838 年和 1839 年采取的非常措施——这些措施的最高潮是钦差大臣林则徐到达广州和按照他的命令没收、销毁走私的鸦片——提供了第一次英中战争的借口，这次战争带来的后果就是：中国发生了起义①；帝国国库完全空虚；俄国顺利地由北方进犯；鸦片贸易在南方达到巨大的规模。尽管英国在结束这场为保护鸦片贸易而发动和进行的战争时所签订的条约禁止鸦片贸易②，可是从 1843 年以来，鸦片贸易实际上却完全不受法律制裁。1856 年输入中国的鸦片，总值约 3 500 万美元，同年英印政府靠鸦片垄断获取了 2 500 万美元的收入，正好是它财政总收入的六分之一。作为第二次鸦片战争借口的那些事件，是不久以前才发生的，无需赘述。

这个题目讲到最后，不能不特别指出摆出一副基督教伪善面孔、标榜文明的英国政府本身的一个明显的矛盾。作为帝国政府，它假装同违禁的鸦片贸易毫无关系，甚至还订立禁止这种贸易的条约。② 可是作为印度政府，它却强迫孟加拉省种植鸦片，使该省的生产力受到极大的损害；它强迫一部分印度莱特**71**种植罂粟，用贷款的办法引诱另一部分印度莱特也去种植罂粟。它严密地垄断了这种毒品的全部生产，借助大批官方侦探来监视一切：种植罂粟，把罂粟交到指定地点，按照中国吸食者的口味提炼和调制鸦

---

① 指太平天国革命。——编者注
② 1842 年订立的中英南京条约并无禁止鸦片贸易的条款。——编者注

片,把鸦片打成便于偷运的货包,最后运往加尔各答,由政府拍卖,国家官吏把鸦片移交给投机商人,然后又转到走私商人手里,由他们运往中国。英国政府在每箱鸦片上所花的费用约 250 卢比,而在加尔各答拍卖场上的卖价是每箱 1 210—1 600 卢比。可是,这个政府并不满足于这种实际上的共谋行为,它直到现在还公然同那些干着毒害一个帝国的冒险营生的商人和船主们合伙经营,赔赚与共。

英国政府在印度的财政,实际上不仅要依靠对中国的鸦片贸易,而且还要依靠这种贸易的不合法性。如果中国政府使鸦片贸易合法化,同时允许在中国种植罂粟,英印政府的国库会遭到严重灾难。英国政府公开宣传毒品的自由贸易,暗中却保持自己对毒品生产的垄断。任何时候只要我们仔细地研究一下英国的自由贸易的性质,我们大都会发现:它的"自由"说到底就是垄断。

卡·马克思写于 1858 年 8 月 31 日—9 月 3 日

作为社论载于 1858 年 9 月 20、25 日《纽约每日论坛报》第 5433、5438 号

原文是英文

选自《马克思恩格斯选集》第 3 版第 1 卷第 801—808 页

卡·马克思

*英中条约[72]

　　1842 年 8 月 29 日亨利·璞鼎查爵士签订的、并且像新近与中国订立的条约①一样也是在炮口下强加给对方的对华条约②，从商务观点来看，其结果是不成功的。这是一个连那家著名的英国自由贸易派[39]机关刊物伦敦《经济学家》[6]也正在重温的事实。这家杂志曾是不久前入侵中国一事的最忠实的辩护者之一，现在它觉得自己应该"抑制"一下在其他各界所造成的乐观期望了。《经济学家》杂志把 1842 年的条约对英国出口贸易的影响，看做是"我们借以防止错误行动后果的一个前车之鉴"。这当然是正确的忠告。但是，威尔逊先生为了解释首次企图用武力为西方产品扩大中国市场遭到失败而举出的理由，却远不能作为定论。

　　他举出的造成这次大失败的第一个重要原因是：在璞鼎查签订条约以后的最初三年中，中国市场被盲目过量涌进的商品所充斥，英国商人不注意中国人需求什么。英国对中国的出口额在 1836 年是 1 326 388 英镑，在 1842 年下降到 969 000 英镑。此后

① 1858 年天津条约。——编者注
② 1842 年南京条约。——编者注

四年中又连续迅速增长，从下列数字可以看出：

1842 年 ………………………………………	969 000 英镑
1843 年 ………………………………………	1 456 000 英镑
1844 年 ………………………………………	2 305 000 英镑
1845 年 ………………………………………	2 395 000 英镑

可是，到 1846 年，不仅出口额降低到 1836 年的水平以下，而且伦敦从事对华贸易的商行在 1847 年危机时期所遭到的灾难还证明：官方报告统计表中所列的 1843—1846 年出口的**计算**价值同真正**实现的**价值完全不符。如果说由此可以看出，英国出口商在向中国消费者出售商品的数量方面犯了错误，那么他们在商品的品种方面也同样犯了错误。为了证明后一个论断，《经济学家》杂志援引了前伦敦《泰晤士报》[14]驻上海和广州通讯员温·库克先生的一段话：

"1843 年、1844 年和 1845 年，当北方各通商口岸刚刚开放的时候，我们国内的人兴奋若狂。设菲尔德一家有名的商行向中国运去了大批餐刀和餐叉，并表示它准备给全中国供应此类餐具…… 这些商品的卖价几乎抵不上运费。一家著名的伦敦商行向中国运去了大批钢琴，也遭到了同样的命运。刀叉和钢琴的遭遇，毛织品和棉织品也遇到了，不过形式没有那么显著…… 曼彻斯特在各通商口岸开放的时候**盲目地**做了一番巨大的努力，这种努力归于失败。从此以后，它就冷漠消沉，听天由命了。"

最后，《经济学家》为了证明贸易的缩减、稳定和增长取决于对消费者需求的考察，还从上述那位作者那里引用了 1856 年的材料：

	1845 年	1846 年	1856 年
精梳毛织物（匹） ………………	13 569	8 415	7 428
驼毛呢………………………………	13 374	8 034	4 470

粗哗叽………………………………	91 530	75 784	36 642
粗梳毛织物………………………	62 731	56 996	38 553
印花棉布………………………	100 615	81 150	281 784
素色棉布………………………	2 998 126	1 859 740	2 817 624
棉纱（磅）………………………	2 640 090	5 324 050	5 579 600

但是,所有这一切论据和例证,除了说明 1843—1845 年贸易过热所引起的反应以外,不能说明任何问题。贸易骤增之后又出现剧烈的缩减,一个新的市场从一开始就为过剩的英国商品所窒息,人们把商品投入这个市场而没有很好地估计消费者的实际需要和支付能力,这些现象决不是对华贸易所特有的。实际上,这是世界市场历史上经常有的现象。拿破仑垮台以后,欧洲大陆开放通商,那时英国的出口同大陆的购买能力很不相称,以致“由战争转向和平”倒比大陆封锁[73]更具有灾难性。坎宁对美洲的西班牙殖民地独立的承认,也促进了 1825 年商业危机的发生。为适应莫斯科的气候而制造的商品,当时被运往墨西哥和哥伦比亚。再说,今天甚至连澳大利亚,尽管它具有很大的伸缩性,也没有摆脱一切新市场所共有的命运——市场上的商品既超过了它的支付能力也超过了它的消费能力。中国市场所特有的现象是:自从 1842 年的条约使它开放以来,中国出产的茶叶和丝向英国的出口一直不断增长,而英国工业品输入中国的数额,整个说来却停滞不变。中国方面的这种持续增长的贸易顺差,可以说同俄国和英国之间贸易差额的状况相似;不过后一种情况,一切都可以用俄国的保护关税政策来解释,可是中国的进口税却比任何一个同英国通商的国家都低。1842 年以前,中国对英国的出口总值约为 700 万英镑,1856 年约达到 950 万英镑。输入英国的茶叶数量,在 1842 年以前从未超过 5 000 万磅,而在 1856 年就增加到约 9 000 万磅。另

一方面,英国进口的中国丝,只是从 1852 年起才占有重要地位。其增长情况,可以从下列数字中看出:

	1852 年	1853 年	1854 年	1855 年	1856 年
丝的进口额(磅)	2 418 343	2 838 047	4 576 706	4 436 862	3 723 693
价值(英镑)	—	—	3 318 112	3 013 396	3 676 116

另一方面,我们再看一看英国对中国的出口额的变动:

1834 年 …… 842 852 英镑	1836 年 …… 1 326 388 英镑
1835 年 …… 1 074 708 英镑	1838 年 …… 1 204 356 英镑

关于 1842 年市场开放和英国取得香港以后的时期,我们有下列材料:

1845 年 …… 2 359 000 英镑	1853 年 …… 1 749 597 英镑
1846 年 …… 1 200 000 英镑	1854 年 …… 1 000 716 英镑
1848 年 …… 1 445 950 英镑	1855 年 …… 1 122 241 英镑
1852 年 …… 2 508 599 英镑	1856 年 …… 2 000 000 英镑以上

《经济学家》企图以外国的竞争来解释为什么英国工业品对中国市场的输入会停滞和相对减少,并且再一次援引库克先生的话来加以论证。据这位权威人士看来,在中国市场上许多贸易门类中英国人都被公平的竞争所击败。他说,美国人在粗斜纹布和被单布方面压倒了英国人。1856 年输入上海的美国粗斜纹布是 221 716 匹,而英国是 8 745 匹;美国被单布是 14 420 匹,而英国是 1 240 匹。另外,在毛织品贸易方面,据说德国和俄国对他们的英国竞争者排挤得很厉害。我们不需要其他的证明,单凭这一例证就可以确信:库克先生和《经济学家》对中国市场的估计都是错误

的。他们认为只限于英中贸易的那些特点，其实也恰恰是美国和天朝帝国之间的贸易的特点。1837年，中国对美国的出口额超过美国对中国的出口额约86万英镑。在1842年条约订立以来的时期中，美国每年平均得到200万英镑的中国产品，而我们[4]付出的是90万英镑的美国商品。1855年上海的进口，不包括硬币和鸦片，总额达1 602 849英镑，其中英国所占份额是1 122 241英镑，美国所占份额是272 708英镑，其他国家所占份额是207 900英镑；而上海的出口总额达12 603 540英镑，其中对英国出口是6 405 040英镑，对美国出口是5 396 406英镑，对其他国家出口是102 088英镑。把美国对上海的272 708英镑出口额同美国从上海进口的500多万英镑的数额对比一下吧。如果连美国的竞争也使英国的贸易蒙受到了明显的损害，那么可见，中国市场为全部外国贸易提供的活动场所是多么有限。

中国的进口市场自1842年开放以来，其意义之所以不大的最后一个原因据说就是中国革命①；可是，尽管发生了这次革命，1851—1852年对中国的出口，还是随着全面的贸易增长而相对地增长了，而且鸦片贸易在整个革命时期不但没有缩减，反而迅速达到了巨大的规模。然而无论如何，应该承认的是：由于最近这次海盗式的战争和统治王朝遭到的许多新屈辱，外国进口所遇到的产生于帝国内部动乱状态的一切障碍，只会增加不会减少。

我们仔细考察了中国贸易的历史以后感觉到，一般说来，人们过高地估计了中国人的消费能力和支付能力。在以小农经济和家庭手工业为核心的当前中国社会经济结构中，根本谈不上大宗进

---

① 指太平天国革命。——编者注

口外国货。虽然如此,只要取消鸦片贸易,中国还可以逐渐地再多吸收一些英美商品,数额可达 800 万英镑——粗略算来这也就是中国对英美贸易总顺差的数目。这个结论是从分析下面这个简单事实而自然得出的:尽管有着贸易顺差,中国的财政和货币流通却由于总额约达 700 万英镑的鸦片进口而陷于严重的混乱。

然而,惯于吹嘘自己道德高尚的约翰牛,却宁愿隔一定的时候就用海盗式的借口向中国勒索军事赔款,来弥补自己的贸易逆差。只是他忘记了:如果兼施并用迦太基式的和罗马式的方法[74]去榨取外国人民的金钱,那么这两种方法必然会相互冲突、相互消灭。

卡·马克思写于 1858 年 9 月 10 日　　　　　原文是英文

作为社论载于 1858 年 10 月 5 日　　　　选自《马克思恩格斯选集》第 3 版
《纽约每日论坛报》第 5446 号　　　　　第 1 卷第 809—814 页

卡·马克思

中国和英国的条约⁷⁵

英国政府终于公布的关于英中条约①的正式摘要,同由其他各种渠道已经传开的消息比较,大体上所增无几。第一款和最后一款实际上包括了条约中纯粹有关英国利益的各点。根据第一款,南京条约缔结以后所规定的"善后旧约并通商章程""作为废纸"。这一补充条约曾规定:驻香港和驻五个为英国贸易开放的中国口岸的英国领事,如遇装载鸦片的英国船只驶入其领事裁判权所辖地区,应与中国当局协同处理。② 这样,英国商人在形式上被禁止输入这种违禁的毒品,而且英国政府在某种程度上充当了天朝帝国的一个海关官吏角色。第二次鸦片战争以解除第一次鸦片战争还在表面上加于鸦片贸易的束缚而告终,看来是十分合乎逻辑的结果,是那些特别热烈鼓掌欢迎帕麦斯顿施放的广州焰火²²的英国商界殷切期望得到的成就。可是,如果我们以为英国正式放弃它对鸦片贸易的假惺惺的反对,不会导致与预期完全相反的结果,那就大错特错了。中国政府请

---

① 1858年天津条约。——编者注
② "这一补充条约"即上面的"善后旧约并通商章程",亦即虎门条约。该条约并无此项规定。——编者注

英国政府协同取缔鸦片贸易，也就是承认了自己依靠本身的力量不能做到这一点。南京条约的补充条约是为了借助外国人的帮助来取缔鸦片贸易而作的最大的、也可以说是绝望的努力。既然这种企图遭到了失败——而且现在是公开宣布失败，既然鸦片贸易就英国来说现在已经合法化了，那么毫无疑问，中国政府无论从政治上或财政上着想，都将会试行一种办法，即从法律上准许在中国种植罂粟并对进口的外国鸦片征税[76]。不论当前的中国政府意向如何，天津条约给它造成的处境本身就给它指出了这条路。

这种改变一经实行，印度的鸦片垄断连同印度的国库一定会一起受到致命的打击，而英国的鸦片贸易会缩小到寻常贸易的规模，并且很快就会成为亏本生意。到目前为止，鸦片贸易一直是约翰牛用铅心骰子进行的一场赌博。因此，第二次鸦片战争的最明显的结果，看来就是它本身的目的落了空。

对俄国宣布了"正义战争"的慷慨的英国，在订立和约时没有要求任何军事赔款。另一方面，英国虽然一直声称同中国处于和平状态，却因此而不能不迫使中国偿付连英国现任大臣们都认为是由英国自己的海盗行为所造成的耗费。不管怎么样，天朝人将偿付1 500万或2 000万英镑的消息一传来，对于最清高的英国人的良心起了安定作用。《经济学家》[6]杂志以及一般撰写金融论文的作者们，都兴致勃勃地计算着中国的纹银对贸易差额和英格兰银行贵金属储备的状况将发生多么有利的作用。但是遗憾得很！帕麦斯顿派的报刊煞费苦心地制造和宣扬的那些最初印象太脆弱了，经不起真实消息的冲击。

有一专条规定:"以200万两白银"偿付"因广州中国当局处理不当而使英国臣民所遭受的损失;另以200万两偿付"军费。**77**

这两笔款项总共才1 334 000英镑,而在1842年,中国皇帝①偿付的是420万英镑,其中120万英镑赔偿被没收的走私鸦片,300万英镑赔偿军费。由420万英镑外加香港,减少到只有1 334 000英镑,这毕竟不像是一桩漂亮的买卖;可是,最糟糕的我们还没有讲呢。中国皇帝②说,既然你们不是同中国作战,而只是同广州进行"地方性战争",那就请你们自己设法去从广东省挤出那笔由你们亲善的军舰逼迫我批给你们的损失费吧。同时,你们那位赫赫有名的斯特劳本齐③将军不妨把广州作为物质保证,并继续使英国武器成为连中国兵勇都会耻笑的笑柄。乐观的约翰牛因1 334 000英镑的小战利品所附带的这些条件而产生的苦恼,已经表现为可以听到的呻吟。伦敦有一家报纸写道:

"不仅不能调回我们的53艘军舰并看到它们载着几百万两中国纹银凯旋归来,我们可以指望的好运气反倒是必须派遣5 000名士兵去重新占领和守住广州,并帮助海军去进行我们的代理领事④所宣布的地方性战争。可是这场地方性战争,除了把我们的贸易从广州赶到中国其他口岸以外,会不会造成其他结果? …… 继续进行战争〈地方性战争〉会不会使一大部分茶叶贸易落到俄国手里?欧洲大陆和英国本身会不会变得必须依靠俄国和美国供给茶叶?"⑤

---

① 道光帝。——编者注
② 咸丰帝。——编者注
③ 即范斯特劳本齐。——编者注
④ 斯·巴夏礼。——编者注
⑤ 见1858年9月22日《自由新闻》第21期。——编者注

约翰牛担心"地方性战争"会影响茶叶贸易,并不是完全没有根据的。从麦格雷戈的《商业税则》①中可以看出:在第一次对华战争的最后一年内,俄国经由恰克图得到12万箱茶叶。在英国同中国媾和后的一年内,俄国对茶叶的需求减少了75%,总共只有3万箱。不管怎样,英国人为占据广东而将继续耗费的钱财,一定会大大增加收支的逆差,以致这第二次对华战争将是所得难偿所失。埃默森先生说得对,在英国人看来这真是莫此为甚的大错。

在第五十一款上载有英国侵略所取得的另一个大胜利。按照这一条款,"嗣后各式公文,无论京外,内叙大英国官民,自不得提书夷字"。约翰牛不坚持要称自己为神国或圣朝,只要正式文件中除去表示"蛮夷"意思的字样就满意了。在自称"天朝"的中国当局的眼里,约翰牛该是多么恭顺啊!

条约中的商务条款,并未向英国提供它的竞争者享受不到的任何利益,而且这些条款在目前条件下只是空洞的诺言,其中大部分价值还不如书写条约用的羊皮纸。第十款规定:

> "长江一带各口,英商船只俱可通商,唯现在江上下游,均有贼匪,除镇江一年后立口通商外,其余俟地方平靖,大英钦差大臣与大清特派之大学士尚书会议,准将自汉口溯流至海各地,选择不逾三口,准为英船出进货物通商之区。"

按照这一条款,英国人实际上是被禁止进入全帝国的通商大动脉,这条大动脉,正如《晨星报》**78**所正确指出的,是"英国人能将自己的工业品销往内地的唯一通路"。如果他们肯当乖孩子,

---

① 约·麦格雷戈《欧美若干国家的商业税则、条例、资源和贸易》1847年伦敦版。——编者注

帮助帝国政府将起义者①逐出其目前所占领的区域,那时他们才或许可以在长江航行,但也只限于特定的口岸。至于新开放的海港,最初听说是开放"一切"口岸,现在已缩减为除南京条约所规定的五个口岸外,再开放五个口岸**79**了,而且如一家伦敦报纸所说,这些口岸"一般都是偏僻的或者位于海岛上"。此外,那种以为贸易的发展会与所开放的通商口岸数目成正比的错觉,时至今日已该破除了。请看英国、法国和美国海岸上的港口,有几个发展成了真正的商业中心? 在第一次对华战争以前,英国人只限于到广州进行贸易。让出五个新口岸,并没有造成五个新的商业中心,而是使贸易渐渐地由广州转移到上海,这一点可以从引自 1856—1857 年关于各地贸易状况的议会蓝皮书**46**的下列数字看出来。同时还应该记住,广州的商品进口额中也包括由广州转运到厦门和福州的进口商品。

年 份	由英国进口的贸易额(美元)		对英国出口的贸易额(美元)	
	广 州	上 海	广 州	上 海
1844	15 500 000	2 500 000	17 900 000	2 300 000
1845	10 700 000	5 100 000	27 700 000	6 000 000
1846	9 900 000	3 800 000	15 300 000	6 400 000
1847	9 600 000	4 300 000	15 700 000	6 700 000
1848	6 500 000	2 500 000	8 600 000	5 000 000
1849	7 900 000	4 400 000	11 400 000	6 500 000
1850	6 800 000	3 900 000	9 900 000	8 000 000
1851	10 000 000	4 500 000	13 200 000	11 500 000
1852	9 900 000	4 600 000	6 500 000	11 400 000
1853	4 000 000	3 900 000	6 500 000	13 300 000
1854	3 300 000	1 100 000	6 000 000	11 700 000
1855	3 600 000	3 400 000	2 900 000	19 900 000
1856	9 100 000	6 100 000	8 200 000	25 800 000

① 指太平军。——编者注

"条约中的商务条款不能令人满意"——这就是帕麦斯顿最卑鄙的走卒《每日电讯》[80]所得出的结论。但是这家报纸却欣赏"条约中最妙的一点",即"将有一位英国公使常驻北京,同时也将有一位满清大员常驻伦敦,他还可能会邀请女王参加在阿尔伯特门举行的舞会呢"。然而,无论约翰牛觉得这有多么开心,毫无疑问的是,如果有谁会在北京拥有政治影响,那一定是俄国,俄国由于上一个条约[81]得到了一块大小和法国相等的新领土,这块领土的边境大部分只和北京相距800英里。约翰牛自己通过进行第一次鸦片战争,使俄国得以签订一个使它有权沿黑龙江航行并在陆上边界自由贸易的条约;而通过进行第二次鸦片战争,又帮助俄国获得了鞑靼海峡和贝加尔湖之间价值无量的地域——这是俄国无限垂涎的一块地方,从沙皇阿列克谢·米哈伊洛维奇到尼古拉,一直都企图把它弄到手。这一切对于约翰牛来说决非愉快的回忆。伦敦《泰晤士报》[14]为此感到很不是滋味,所以它在刊登来自圣彼得堡的过分渲染大不列颠占便宜的新闻时,特意将电讯中提到俄国依照条约获得黑龙江流域的那一部分删去了。

卡·马克思写于1858年9月28日　　　　原文是英文

载于1858年10月15日《纽约每日论坛报》第5455号　　　选自《马克思恩格斯选集》第3版第1卷第815—820页

弗·恩格斯

*俄国在远东的成功[82]

　　俄国由于自己在塞瓦斯托波尔城外遭到军事失败而要对法国和英国进行的报复,现在刚刚实现。虽然赫拉克利亚半岛上顽强而持久的战斗伤害了俄国的民族自豪感,并使它丧失了一小块领土,[83]但是俄国在战争结束后还是得到了明显的好处。"病夫"的状况大为恶化[84];欧洲土耳其的基督教居民,无论是希腊人还是斯拉夫人,现在比任何时候都更加渴望摆脱土耳其的束缚,更加把俄国看成是自己唯一的保护人。毫无疑问,现在在波斯尼亚、塞尔维亚、黑山以及克里特岛上所发生的一切暴动和阴谋,都有俄国的代理人插手其中;但是土耳其在战争中就已经暴露出来的、并且被和约强加于它的义务所加剧了的那种极度衰颓和软弱,已足能说明苏丹的基督教臣民为什么会这样普遍躁动不安了。可见,俄国虽然把一条窄小的土地暂时牺牲——因为显然它一有机会一定收回,却换得了在实现自己对土耳其的谋划方面的长足进展。加紧分裂土耳其和对土耳其基督教臣民行使保护权,这就是俄国在战争肇始时所追求的目的;谁能说现在俄国不是比过去任何时候都在更大的程度上行使着这种保护权呢?

　　可见俄国甚至在这场失利的战争中也是唯一的得利者。但是俄国还得进行报复,于是它选定了一个稳操胜券的领域——外交领域——来进行这种报复。当英国和法国对中国进行一场代价巨大的斗争时,俄国保持中立,到战争快结束时才插手干预。结果,英国和法国对中国进行的战争只是让俄国得到了好处。这一回俄国的处境可真是再顺利没有了。摇摇欲坠的亚洲帝国正在一个一个地成为野心勃勃的欧洲人的猎获物。这里又有一个这样的帝国,它很虚弱,很衰败,甚至没有力量经受人民革命的危机,在这里,就连一场激烈爆发的起义也都变成了看来无法医治的慢性病;它很腐败,无论是控制自己的人民,还是抵抗外国的侵略,一概无能为力。正当英国人在广州同中国的下级官吏争执不下、英国人自己在讨论叶总督①是否真是遵照中国皇帝②的意旨行事这一重要问题的时候,俄国人已经占领了黑龙江以北的地区和该地区以南的大部分满洲海岸;他们在那里建筑了工事,勘测了一条铁路线并拟定了修建城市和港口的规划。当英国终于决定打到北京,而法国也希望捞到一点好处而同英国联合起来的时候,俄国——尽管就在此时夺取了中国的一块大小等于法德两国加在一起的领土和一条同多瑙河一样长的河流——竟能以处于弱者地位的中国人的无私保护人身份出现,而且在缔结和约时俨然以调停者自居;如果我们把各国条约[85]比较一下,就必须承认:这次战争不是对英、法而是对俄国有利,已成为昭然若揭的事实。

各参战国得到的好处——其中也有俄国和美国的份——纯属

---

① 叶名琛。——编者注
② 咸丰帝。——编者注

商业性质,而且正如我们前次所指出,这些好处大部分都是虚幻的①。在目前情况下,对华贸易,除鸦片和若干数量的东印度棉花外,只能仍以中国商品即茶叶和丝的出口为主;而这种出口贸易取决于外国的需求而不是取决于中国政府提供方便的多少。在南京条约订立以前,世界各国已经能够买到茶叶和丝;在这个条约订立以后,开放五个口岸的作用是使广州的一部分贸易转移到了上海。其他的口岸几乎根本没有什么贸易,而汕头这个唯一有点重要作用的,却并不属于那五个开放的口岸。至于深入长江通商,这一要求被机智地推迟了,要等到皇帝陛下②在那个动乱地区完全恢复了自己的统治时再说,也就是遥遥无期。此外,关于这个新条约的价值还产生了另一些怀疑。有人断言,英中条约第二十八款所提到的子口税是臆造的。过去人们之所以认为有这种税存在,纯粹是由于:中国人不大需要英国商品因而英国货根本没有打入内地。与此同时有一种适合中国人需要的、经由恰克图或西藏运去的俄国布匹,就千真万确地一直运销到沿海。人们忘记了,如果真有这种税存在的话,不管是英国货还是俄国货都一样要受到影响。有一点是肯定的,曾被专门派往内地的温格罗夫·库克先生,找不出什么地方有这种所谓的"子口税",而且他在公开的场合被问及这方面的问题时承认,他已"惭愧地认识到,我们对中国的无知是十分明显的"③。另一方面,英国商业大臣约·沃·亨利在一封已经发表的信件中回答"是否有证据证明确实存在着这种内地税"的

---

① 见本书第 81—86 页。——编者注
② 咸丰帝。——编者注
③ 乔·温·库克《中国:1857—1858 年〈泰晤士报〉特约中国通讯》1858年伦敦版第 273 页。——编者注

问题时,十分清楚地说道:"对于你们问到的关于中国内地税的证据问题,我无可奉告。"约翰牛本来就颇不愉快地想着:额尔金勋爵规定了赔款,竟未定出交款期限,把战事从广州转移到京都,竟只是订了一个让英军从京都再回到广州去打仗的条约。现在这样一来,约翰牛的心里又突然产生一个不妙的疑虑:恐怕得自掏腰包交付所规定的赔款了,因为第二十八款非常可能促使中国当局对英国工业品规定 7.5% 的子口税,将来经过要求会改为 2.5% 的进口税。伦敦《泰晤士报》**14** 为了不让约翰牛过细考察自己的条约,觉得有必要装出对美国公使大为愤恨的样子,气势汹汹地骂他把事情弄糟了,虽然事实上他同第二次英中战争的失败就像月中人一样毫不相干。

因此,就英国商业来说,和约所带来的只是一项新的进口税和一系列条款,这些条款或者没有任何实际意义,或者是中国人无法履行的,因而随时可能成为挑起新战争的借口。英国没有得到任何新的领土,因为它无法提出领土要求而同时又不准法国这样做,而一场英国进行的战争如果使法国在中国沿海得到了领土,那是绝对没有好处的。至于俄国,情况完全不同。不但英、法所得的一切明显利益,不管是什么,俄国都有份,而且俄国还得到了黑龙江边的整个地区,这个地区是它早已悄悄占领的。俄国并不满足于此,它还取得了这样一个成果,即成立俄中委员会来确定边界。现在我们都知道这种委员会在俄国手里是什么货色。我们曾看到这种委员会在土耳其的亚洲边界上的活动情况,20 多年来它们在那里把这个国家的领土一块一块地割去,直到最近这次战争才打断了它们的活动,而现在又该重新再来一遍了。其次,条约中还有关于恰克图和北京之间邮政管理的条款。从前不定期通行的、只是被容忍的交通线,现在要定期使用并作为一项权利加以规定。在这两个地点之间每月要有一次邮班,全程大约 1 000 英里,15 天到达;而每三个月还要有一支商队走这同一条路线。很明显,将来中国人对这些业务要么是漫不经心,要么是力不胜任;既然交通线现在已作为权利为俄国所得,其结果就是这些业务将逐渐控制在俄国手中。我们曾看到,俄国人怎样在吉尔吉斯草原建立起自己的军事堡垒线①;我们深信不疑,用不了几年,同样的一条路线将穿过戈壁沙漠,那时候英国统治中国的梦想将永成泡影,因为俄国军队不论哪一天都能够向北京进发。

不难想象,在北京设立常驻使馆将会产生什么作用。请回想一下君士坦丁堡或德黑兰吧。凡是俄国外交同英国外交或法国外交交锋的地方,俄国总是占上风。俄国公使在几年以后就可能在与北京相隔一个月路程的恰克图拥有一支足以达到任何目的的强大军队和一条供这支军队顺利进军的道路——这样一位俄国公使在北京将具有无上的威力,谁能怀疑这一点呢?

事实是,俄国正在迅速地成为亚洲的头等强国,它很快就会在这个大陆上压倒英国。由于征服了中亚细亚和吞并了满洲,俄国使自己的领地增加了一块像除俄罗斯帝国外的整个欧洲那样大的地盘,并从冰天雪地的西伯利亚进入了温带。中亚细亚各河流域和黑龙江流域,很快就会住满俄国的移民。这样获得的战略阵地对于亚洲,正如在波兰的阵地对于欧洲一样,具有重要的意义。占领图兰威胁着印度;占领满洲威胁着中国。而中国和印度,两国共

---

① 见恩格斯《俄国在中亚细亚的进展》,《马克思恩格斯全集》中文第 1 版第 12 卷第 638—639 页。——编者注

有 45 000 万人口,现在是亚洲举足轻重的国家。

弗·恩格斯写于 1858 年 10 月 25 日
前后

作为社论载于 1858 年 11 月 18 日
《纽约每日论坛报》第 5484 号

原文是英文

选自《马克思恩格斯选集》第 3 版
第 1 卷第 821—825 页

卡·马克思

新的对华战争[86]

一

当英国硬逼天朝人签订了天津条约而受到普遍祝贺的时候，我曾试图说明：实际上从这次海盗式的英中战争中取得实利的唯一强国是俄国，英国根据条约所得到的商业利益是很微小的；同时，从政治观点看来，这个条约不仅不能巩固和平，反而将使战争必然重起。① 事变的进程，完全证实了这个看法。天津条约已成过去的事情，在战争的严酷现实面前，表面上的和平也已经消失。

首先让我来叙述最近大陆邮班传来的一些事实。

尊敬的普鲁斯先生在法国的全权公使布尔布隆先生偕同下，带着一支英国远征队出发。这支远征队的任务是沿白河上驶护送两国公使进北京。远征队由海军将军贺布统率，包括有7艘轮船、10艘炮艇、2艘载运部队和军需品的运输船，以及几百名海军陆战队和皇家陆军工兵队士兵。中国人方面反对公使取这条路进京。因此，贺布将军发现白河口已被防栅所阻塞；他在河口从6月17日至25日停留了9天以后企图用武力开路前进，因为两国公使已

---

① 见本书第81—86、87—92页。——编者注

于 6 月 20 日来到舰队。贺布将军在到达白河口时,曾查明在上次战争中拆毁的大沽炮台确已修复,这里要顺便指出,此事他是应该早就知道的,因为"京报"**87**正式报道过。

6 月 25 日,英国人企图强行进入白河时,约有 2 万蒙古军队① 做后盾的大沽炮台除去伪装,向英国船只进行毁灭性的轰击。陆战水战同时并举,打得侵略者狼狈不堪。远征队遭重创后只得退却。它损失了 3 艘英国船:鸬鹚号、避风号和小鸻号,英军方面死伤 464 人,参加作战的 60 名法国人当中死伤 14 人。英国军官死 5 人,伤 23 人,连贺布将军自己也是带伤逃命的。这次失败以后,普鲁斯先生和布尔布隆先生就回到了上海,英国舰队则奉命停泊在宁波府镇海县外的海面。

当这些不愉快的消息传到英国时,帕麦斯顿派的报纸就立刻跨上不列颠狮子**88**,一致怒吼着要求实行大规模报复。当然,伦敦的《泰晤士报》**14**在激发自己同胞们的嗜血本能时还多少故作庄重,但帕麦斯顿派的次等报纸却荒谬绝伦地扮演了疯狂的罗兰的角色。

例如,我们来听听伦敦《每日电讯》**80**怎样说:

"大不列颠应该对中国海岸线全面进攻,打进京城,将皇帝逐出皇宫,取得物质上的保证,以免将来再受侵犯……　我们应该用九尾鞭抽打每一个敢于侮辱我国民族象征的蟒衣官吏……　应该把他们〈中国将军们〉个个都当做海盗和凶手,吊在英国军舰的桅杆上。把这些浑身纽扣、满面杀气、穿着丑角服装的坏蛋,在桅杆上吊上十来个示众,让他们随风飘动,倒是令人开心和大有裨益的场面。无论如何总得采取恐怖手段,我们已经过分宽大了!……　应该教训中国人尊重英国人,英国人高中国人一等,应该做他们的**主人**……

---

① 　指蒙古亲王僧格林沁的军队。——编者注

起码可以一试的是攻占北京,如果采取更大胆的政策,则接着就能把广州永远收归我国所有。我们会像占有加尔各答那样把广州保持在自己手里,把它变为我们在东方最东端的商业中心,使我们针对俄国在帝国的满蒙边疆所取得的势力,为自己找到补偿,奠定一个新领地的基础。"

我想现在还是丢开帕麦斯顿的笔杆子们的这些胡言乱语来谈谈事实,并根据现有的不多的一点材料尽可能地说明这个不快事件的真实意义。

这里首先要回答的问题是:即使天津条约规定允许英国公使可以直接前往北京,中国政府反抗英国舰队强行驶入白河,是否就违反了这个用海盗式战争强加于它的条约呢?从大陆邮班传来的消息中可知,中国当局不是反对英国使节前往北京,而是反对英国武装船只上驶白河。他们曾经表示普鲁斯先生应由陆路入京,不得用武装护送。天朝人对炮轰广州事件[22]记忆犹新,所以不能不认为这种武装是实行入侵的工具。难道法国公使留驻伦敦的权利就能赋予他率领一支法国武装远征队强行侵入泰晤士河的权利吗?肯定可以这样说:英国人对英国公使前往北京的权利的这种解释,至少和英国人在上次对华战争中所发明的那种说法同样奇怪,当时他们说炮轰一个帝国的城市,并不是对该帝国本身作战,而只是与它的一个属地发生了局部的相互敌对行动。对于天朝人所提出的交还的要求[89],英国人的回答是——按照他们自己说的——"采取了一切周密措施,务求获准进入北京,必要时使用武力",以一支强大舰队上驶白河。就算是中国人必须接纳英国的和平公使入京,他们抵抗英国人的武装远征队也是完全有理的。中国人这样做,并不是违背条约,而是挫败入侵。

其次,人们可能提出这样的问题:尽管天津条约已经赋予英国派驻使节的抽象权利,可是额尔金勋爵不是决定至少在目前暂不实际行使此项权利吗?如果翻阅一下《女王陛下特谕刊行的关于额尔金伯爵赴华特别使命的函件》①,每个不存偏见的人都会深信:第一,准许英国公使进入北京一事不是在现在,而是在**较晚的时候**付诸实行;第二,英国公使留驻北京的权利附有各种条件;最后第三,条约英文本中关于准许公使进入北京的那个专横的第三款,根据中国钦差们的要求在条约中文本中作了修改。额尔金勋爵自己也承认条约两个文本之间的这个不同之处,但是额尔金勋爵,据他本人说,

"根据他所得到的训令,只好要求中国人接受他们一字不识的条约文本作为国际协定的正式文本"。

中国人根据条约的中文本行动,而不是根据连额尔金勋爵都承认与"该项规定的正确含义"有些偏离的英文本行动——难道可以凭这一点对他们加以非难吗?

最后,我要指出,前任英国驻香港首席检察官托·奇泽姆·安斯蒂先生在他致伦敦《晨星报》[78]编辑的信中郑重宣称:

"这个条约不论其本身如何,早已因英国政府及其官吏采取暴力行动而失效到这样的程度,即至少大不列颠王室得自这个条约的一切利益和特权均被剥夺。"

英国一方面受着印度的重重困难的拖累[90],另一方面又为防备欧洲战争一旦爆发而进行着武装,所以中国的这场新的、大约是帕麦斯顿一手造成的灾难,很可能给英国带来巨大的危险。

① 指《关于额尔金伯爵赴华赴日特别使命的函件。1857—1859 年》1859年伦敦版。——编者注

第二个结果必然是现政府的崩溃,因为该政府是以上次对华战争的制造者为首的,而它的主要成员又曾经对他们现在的首长因他进行那场战争而投过不信任票。不管怎样,米尔纳·吉布森先生和曼彻斯特学派[39]必须要么退出现在的自由党人联盟,要么——这个可能性不很大——同约翰·罗素勋爵、格莱斯顿先生及其皮尔派[38]同僚们一致行动,迫使他们的首长服从他们自己的政策。

二

内阁会议宣布在明天召开,会议的目的是要决定对于在中国的惨败采取什么对策。法国《通报》[91]和伦敦《泰晤士报》[14]煞费苦心写出的文章,使人确信帕麦斯顿和波拿巴已作出决定。他们想要再发动一场对华战争。我从可靠方面得来的消息说:在即将举行的内阁会议上,米尔纳·吉布森先生首先将就主张战争的理由是否正当提出质问;其次他将抗议任何事先未经议会两院批准的宣战;如果他的意见为多数票否决,他将退出内阁,从而再次发出这样的信号,即帕麦斯顿的统治将要遭到新的冲击,曾使德比内阁倒台的这个自由党人联盟将要崩溃。据说帕麦斯顿对于米尔纳·吉布森先生企图采取的行动感到有些惊惶不安。吉布森是他的同僚中唯一使他害怕的人,而且他曾不止一次地说过吉布森是一个特别善于"吹毛求疵"的人。可能和本篇通讯同时,你们会从利物浦收到关于内阁会议结果的消息。现在要对这里所谈的事件的真实情况作出最正确的判断,不能根据帕麦斯顿派报刊上登出来的东西,而要根据这些报刊在最初刊登上次大陆邮班带来的消息时故意不登的东西。

首先,他们隐瞒了中俄条约已经完成批准手续和中国皇帝①已经谕令他的官员接待并护送美国公使进京交换中美条约批准书的消息。隐瞒这些事实的目的,是为了制止一种自然会产生的猜疑,这就是:对英法公使执行职务时遇到阻碍这件事,应负责任的恐怕不是北京朝廷,而是他们自己,因为他们的俄国或美国同僚并未遭遇到这些阻碍。另外还有一个更为重要的事实最初也为《泰晤士报》和其他帕麦斯顿派报刊所隐瞒,但现在它们已公开承认,这个事实就是:中国当局曾经声明愿意护送英法公使进京;而且中国官员们的确在白河的一个河口等候接待他们,并且表示,只要他们同意离开他们的兵舰和军队,就给他们派一支卫队。既然天津条约中并无条文赋予英国人和法国人以派遣舰队上驶白河的权利,那么非常明显,破坏条约的不是中国人而是英国人,而且,英国人是蓄意要刚好在规定的交换批准书日期之前向中国寻衅。谁都不会相信,尊敬的普鲁斯先生对上一次对华战争表面上要达到的目的进行的这种干扰,是他本人自作主张的行动;相反,谁都会看出他只不过是执行了从伦敦接到的秘密训令而已。诚然,普鲁斯先生并不是由帕麦斯顿派遣而是由德比派遣去的。然而,我只需提醒这样一件事:在罗伯特·皮尔爵士首届内阁任内,阿伯丁勋爵任外交大臣期间,英国驻马德里公使亨利·布尔沃爵士向西班牙宫廷寻衅,结果被西班牙驱逐出境;上院在辩论这个"不快事件"时证明,布尔沃不执行阿伯丁的正式训令,而是按照当时坐在反对

---

① 咸丰帝。——编者注

派席位上的帕麦斯顿的秘密训令行事。

最近几天,帕麦斯顿派的报刊又玩弄花招,这至少使熟悉近三十年英国外交内幕的人们可以毫无疑问地断定,究竟谁是白河惨败和迫在眉睫的第三次英中战争的真正罪魁。《泰晤士报》暗示说,安装在大沽炮台上把英国舰队打得落花流水的大炮,是来自俄国而且是由俄国军官指挥操作的。另一家帕麦斯顿派的报刊说得更明白,现引述于下:

"现在我们看出俄国的政策与北京的政策如何紧密地交织在一起;我们发觉在黑龙江一带有大规模的军队调动;我们了解到,大批哥萨克军队在贝加尔湖以东极遥远的地方、在迷迷茫茫的旧大陆边缘上的严寒奇境里进行演习;我们注意到无数辎重队的行踪;我们侦察到一位俄国特使(东西伯利亚总督穆拉维约夫将军)正带着秘密计划,从遥远的东西伯利亚向与世隔绝的中国京城进发;一想到外国势力曾参与使我们蒙受耻辱并屠杀我们的陆海军士兵这件事,我国的公众舆论当然会怒火冲天。"①

这只不过是帕麦斯顿勋爵的一套老把戏。当俄国要跟中国缔结通商条约时,他用鸦片战争把中国推入它北方邻邦的怀抱;当俄国要求割让黑龙江时,他又用第二次对华战争促其实现;而现在俄国想要巩固它在北京的势力,他就弄出个第三次对华战争来。他在和亚洲弱国——中国、波斯、中亚细亚、土耳其等国的一切交往关系上,总是抱着这样一个始终不变的定则:在表面上反对俄国的阴谋,但不去向俄国寻衅,却向亚洲国家寻衅,采取海盗式的敌对行动使亚洲国家和英国疏远,用这种方法绕着圈子来迫使它们对俄国作出本来不愿做的让步。你们可以相信,帕麦斯顿过去全部的亚洲政策这次将要重新受到审查,因此,我请你们注意1859年

---

① 见1859年9月16日《每日电讯》。——编者注

6月8日下院命令刊印的阿富汗文件①。这些文件比以前发表过的任何文件都更能说明帕麦斯顿的险恶政策以及近30年来的外交史。简短地说,事情是这样的:1838年帕麦斯顿对喀布尔统治者多斯特-穆罕默德发动了战争[92],结果使一支英军遭到覆没。发动这次战争的借口是:多斯特-穆罕默德同波斯和俄国缔结了一个反英秘密同盟。为了证明这种说法,帕麦斯顿于1839年向议会提出了蓝皮书[46],其内容主要是英国驻喀布尔的使节亚·伯恩斯爵士同加尔各答政府之间的来往信件。伯恩斯在喀布尔发生反抗英国侵略者的暴动时被刺杀,但是他生前由于对英国外交大臣不信任,曾把自己的某些公务信札的副本寄给住在伦敦的哥哥伯恩斯医生。关于1839年发表帕麦斯顿所编纂的《阿富汗文件》一事,伯恩斯医生曾指责他"篡改和伪造了已故的亚·伯恩斯爵士的信件",并且为了证实他的声明,印发了一些信件的原文。[93]可是直到今年夏天真相才大白于天下。在德比内阁的时候,下院根据哈德菲尔德先生的提议,命令把所有关于阿富汗的文件一律全文发表。这个命令的执行使最愚钝的人也都懂得了:所提出的为了**俄国的利益**而篡改和伪造文件这一指控属实无误。在蓝皮书的扉页上印有下述字句:

> "注:这些信札在以前的报告书中仅部分刊出,今将其全部发表,以前删节之处以括号( )标出。"

保证这份报告书真实性的官员姓名是"约·威·凯,政务机要司秘书";凯先生是"研究阿富汗战争的公正历史编纂学家"。

---

① 《东印度文件。喀布尔和阿富汗》,根据下院1859年6月8日的决议刊印。——编者注

　　帕麦斯顿是借口反对俄国而发动阿富汗战争的,可是目前只需举出一个实例就足以说明他与俄国的真正关系了。1837 年到达喀布尔的俄国代表维特凯维奇携有一封沙皇给多斯特-穆罕默德的信。亚历山大·伯恩斯爵士弄到了这封信的抄件,并把它寄给了印度总督奥克兰勋爵。伯恩斯本人的信件以及他所附上的各种文件,都一再提到这件事。但沙皇书信抄件在 1839 年帕麦斯顿所提供的文件中被整个抹掉了,而且凡是提及此事的每一信件,出于隐瞒"俄国皇帝"同派人去喀布尔一事有关的需要,都做了删改。这样作假,其目的在于隐瞒那位独裁暴君与维特凯维奇之间有联系的证据。这个维特凯维奇回到圣彼得堡后,尼古拉出于自己的需要正式声明自己与此人无涉。在蓝皮书第 82 页上有一个删改的例子,那里有一封给多斯特-穆罕默德书信的译文,译文列后,括号内的字句是当初被帕麦斯顿删去的。

　　"由俄国(或皇帝)方面派遣的使节(从莫斯科)前来德黑兰,他奉命拜访坎大哈的酋长,然后从该地去晋见埃米尔…… 他携有(皇帝的密函和)俄国驻德黑兰公使的书信。俄国公使推荐此人极其可靠,并有全权(代表皇帝和他本人)进行任何谈判云云。"

　　帕麦斯顿为保全沙皇的脸面而干的诸如此类的作假行为并不是《阿富汗文件》所显示出的唯一怪事。帕麦斯顿为入侵阿富汗辩护的理由是:亚历山大·伯恩斯爵士曾建议采取这种行动,认为这是挫败俄国在中亚细亚的阴谋的适当手段。但是亚·伯恩斯爵士所做的恰好相反,因此他为多斯特-穆罕默德作的一切呼吁,在帕麦斯顿版的"蓝皮书"中就全被删除了;信件经过篡改和伪造被弄得与原意完全相反。

　　就是这样一个人,现在正准备用挫败俄国在中国的阴谋这一虚假借口发动第三次对华战争。

<h2 style="text-align:center">三</h2>

　　即将对天朝人进行另一次文明战争,看来现在被英国报刊相当普遍地认为是已成定论的事了。然而,自从上星期六举行了内阁会议以来,正是那些带头叫嚷要流血的报纸,发生了显著的变化。起初,伦敦《泰晤士报》**14**像是着了爱国怒火的魔一样,雷霆般地斥责双重的背信弃义行为,这就是:卑怯的蒙古人用精心伪装和隐蔽炮队的办法来诱骗英国海军将军①这样的老实人,而北京朝廷更是不择手段,竟让这些蒙古吃人恶魔干这种该诅咒的恶作剧。说来奇怪,《泰晤士报》虽然是在狂热的浪涛中上下翻滚着,但在转载报道时却费尽心机把其中对该诅咒的中国人有利的各节,都小心翼翼地从原文中抹掉了。混淆事实也许是狂热时干的事,但篡改事实似乎只有冷静的头脑才能做到。不管怎么说,9月16日,恰好在举行内阁会议的前一天,《泰晤士报》来了一个大转弯,若无其事地把它那像雅努斯的两个面孔一样的双重指责砍掉了一个。该报说:

　　"**我们恐怕**不能对那些抵抗我们攻打白河炮台的**蒙古人**控以背信弃义的罪名";

但为了弥补后退的这尴尬的一步,该报益发死皮赖脸地硬说"**北京朝廷**存心背信弃义地破坏庄严的条约"。

---

① 　詹·贺布。——编者注

内阁会议举行后过了三天,《泰晤士报》经过进一步考虑,甚至认为

"**毫无疑问**,如果普鲁斯先生和布尔布隆先生请求清朝官员护送他们进京,他们本来是会获准前去履行条约批准手续的"。①

既然如此,北京朝廷还有什么背信弃义的地方呢?连一点影子也没有了,而《泰晤士报》肚里倒留下两点疑虑。该报说:

"企图用这样一支舰队去打开我们通往北京的道路,作为一种**军事措施**来说是否明智,可能**值得怀疑**。而哪怕是动用一点武力,作为**外交**手段来说是否可取,就**更值得怀疑**了。"①

这"首家大报"那样义愤填膺地大发雷霆之后,得出的却是这样一个自打嘴巴的结论,不过,它以自己独有的逻辑,否定了进行战争的理由而并不否定战争本身。另一家半官方报纸,即曾以热心为炮轰广州辩护著称的《经济学家》⁶,现在似乎更多地采取经济观点而较少空谈了,因为詹·威尔逊先生当上了印度财政大臣。《经济学家》就这个题目发表了两篇文章②,一篇是政治性的,另一篇是经济性的;前一篇文章的结尾说:

"考虑到所有这些情况,显然,赋予我国公使以去北京或驻留北京之权的条款,确确实实是**强加**给中国政府的;如果认为使这个条款得到遵守对我们的利益来说是绝对必要的话,我们觉得在要求履行条款时,大有表现体谅与耐心的余地。毫无疑问,人们可以说:对中国这样的政府采取延缓和容忍的态度,会被认为是极端虚弱的表现,因而会是我们最大的失策。但是我们在多大程度上有权利根据这样的理由,在对待这些东方国家政府方面,改变我

---

① 见 1859 年 9 月 19 日《泰晤士报》第 23415 号。——编者注
② 《中国的灾难》和《中国的贸易及其直接的与间接的重要意义》,载于 1859 年 9 月 17 日《经济学家》第 838 期。——编者注

们对任何文明国家毫无疑义应该遵循的原则？我们已经利用他们的畏惧心理强迫他们作了一次不愉快的让步，那么再利用他们的畏惧心理，以对我们自己最便利的方式强迫他们立刻执行条约的规定，这也许是最首尾一贯的政策。但是，如果我们没有能够做到这一点，如果这时中国人克服了他们的畏惧心理，适当地显示一下武力，坚持要我们同他们协商以何种方式使条约生效——那么，我们能够理直气壮地责备他们背信弃义吗？他们不正是对我们采用了我们自己所用的说服方法吗？中国政府也许——很可能就是这样——是有意要引诱我们落入这个凶险的陷阱，而从未打算履行这个条约。如果事实确是如此，我们就必须而且应该要求赔偿。但是结果也可能证实是这样的：守卫白河口，以防止像额尔金勋爵上一年使用暴力进入河口那种事再度重演，并不含有任何背弃条约所有条文的意图。既然敌对行动完全出自我方，而且我们的司令官当然随时都能从中国方面只是为了保卫炮台才发射的凶猛炮火中退却，那么，我们就不能确证中国方面有任何背信弃义的企图。在还没有得到存心破坏条约的证明的时候，我们认为有理由暂时不作判断，而是仔细想一想，我们在对待野蛮人方面，是否没有采用一套同野蛮人用到我们身上的相差无几的原则。"

在同一论题的第二篇文章中，《经济学家》详细论述了英国对华贸易的直接的和间接的重要意义。在 1858 年，英国对中国的出口额上升到 2 876 000 英镑，而最近三年来英国从中国进口的商品价值平均每年在 900 万英镑以上，因此英国同中国的直接贸易总额估计在 1 200 万英镑左右。但是除这种直接交易之外，还有其他三种重要贸易，英国或多或少地同它们在圆圈式的交易中发生密切联系，这就是印度与中国、中国与澳大利亚、中国与美国之间的贸易。《经济学家》说：

"澳大利亚每年从中国得到大量茶叶，却没有什么可以在中国找到销路的货物作为交换。美国也得到大量茶叶和若干生丝，其价值远超过它直接对中国的出口额。"

这两个国家对中国的逆差，都必须由英国来弥补，英国因弥补这一交换上的不平衡而得到的报偿是澳大利亚的黄金和美国的棉花。因此,英国除了它本身对中国的逆差外,又由于从澳大利亚进口黄金和从美国进口棉花而必须支付给中国大宗款项。目前英国、澳大利亚和美国对中国的这个逆差,在很大程度上已由中国转移到印度,与中国在鸦片和棉花上面产生的对印度的逆差相抵消。我们这里要顺便指出,中国向印度输出的总额从未达到过 100 万英镑,而印度向中国输出的总额竟将近 1 000 万英镑。《经济学家》根据这些经济上的观察推论说:英国对华贸易的任何严重停顿,将"是一场很大的灾难,它比仅凭乍一看进出口数字所能想象的灾难还要大";这一波动所引起的困窘,不仅在英国的直接茶丝贸易方面会反映出来,而且必然也会"影响"到英国对澳大利亚和美国的贸易。当然,《经济学家》也注意到,在前次对华战争中,贸易并未像所担心的那样因战争而遭到很大的阻碍;而且在上海这个口岸,甚至丝毫没有受到影响。然而,《经济学家》要人们注意"当前争端中的两个新特点",这两个新特点可能会根本改变新的对华战争给予贸易的影响;这两个新的特点是:目前的冲突具有"全帝国的"而非"地方的"性质;中国人反抗欧洲军队第一次获得了"大胜"。

《经济学家》的这种语言同它在划艇事件时的声嘶力竭的战争叫嚣相比,是多么不同啊。

正如我在前一篇通讯中所预示的①,米尔纳·吉布森先生果然在内阁会议上反对战争并威胁说,如果帕麦斯顿按照法国《通报》**91**上所泄露的早已安排好的决定行动的话,他就退出内阁。帕

---

① 见本书第 97 页。——编者注

麦斯顿暂时用这样一种声明防止了内阁的分裂和自由党人联盟的分裂,他说,保护英国贸易所必需的武力必须集结在中国海面,但在英国公使的更详尽的报告到达以前,关于战争问题暂不作决定。这样一来,迫在眉睫的问题就得以延缓。然而帕麦斯顿的真正意图,却通过他的痞棍报刊《每日电讯》[80]透露出来,该报最近有一期上说:

"如果明年有任何事件导致不利于政府的表决,肯定必将诉诸选民……下院将用一项关于中国问题的决定来检验一下那些人活动的结果,因为必须看到,在以迪斯累里先生为首的职业恶棍之外,还有一批宣称道理完全在蒙古人一边的世界主义者呢。"

托利党人[48]由于自己上当而陷入替帕麦斯顿所策划、由他的两个代理人额尔金勋爵和普鲁斯先生(额尔金勋爵之弟)干出的事负责的窘境,这一情况我可能将另找机会加以评论。[94]

四

我在以前的一篇通讯中断言,白河冲突并非出于偶然,相反,是由额尔金勋爵事先策划的。他遵照帕麦斯顿的秘密训令行事,并把当时是反对派领袖的高贵子爵①的这套计划算到托利党外交大臣马姆兹伯里勋爵的账上。现在首先,中国的"意外事件"是由出自现任英国首相之手的"训令"所造成这一看法,决不是新的看法,早在辩论划艇战争时,一位非常了解情况的人士——迪斯累里

---

① 亨·帕麦斯顿。——编者注

先生——已经向下院作过这样的暗示,而且说也奇怪,竟为一位非常权威的人士——帕麦斯顿勋爵本人——所确认。1857年2月3日,迪斯累里先生曾用以下的话警告下院说:

"我不能不相信,在中国发生的事件并不是产生于据称的那种原因,实际上产生于相当长时间之前**从国内收到的训令**。如果情况是这样,我觉得现在下院要是不认真考虑一个问题,那就有背自己的职守。这个问题就是:下院有没有方法控制住一种在我看来保持下去会危害我国利益的**制度**。"①

帕麦斯顿勋爵非常冷静地回答道:

"这位尊敬的先生说,事变进程似乎是**国内政府预定的某种制度的结果。毫无疑问确是如此。**"②

现在,我们约略地看一下题为《关于额尔金伯爵赴华赴日特别使命的函件。1857—1859年》的蓝皮书**46**就会知道,6月25日在白河发生的事件,额尔金勋爵在3月2日就已经有所预示了。在前述《函件》第484页,我们找到下面两封快函:

"额尔金伯爵致海军少将西马糜各厘爵士

1859年3月2日于怒涛号战舰

爵士阁下:兹就我于上月17日致阁下之快函向阁下谨陈:我以为,女王陛下政府就英国公使常驻北京问题所做之决定——此决定我在昨日之谈话中已告知阁下——或许可能促使中国政府在女王陛下代表前往北京交换天津条约批准书时给以适宜之接待。同时,毋庸置疑,此种可能亦有落空之虞。

---

① 本·迪斯累里《1857年2月3日在下院的演说》,载于1857年2月4日《泰晤士报》第22595号。——编者注
② 亨·帕麦斯顿《1857年2月3日在下院的演说》,载于1857年2月4日《泰晤士报》第22595号。——编者注

无论如何,我以为,**女王陛下政府将愿意**我国公使**前往天津时**有一支**大军**护送。据此,敢请阁下考虑,既然普鲁斯先生抵华之期不会延迟过久,是否宜在上海尽速集结一批**足够**之炮艇**以作此用**。

顺颂······

额尔金—金卡丁”

“马姆兹伯里伯爵致额尔金伯爵

1859 年 5 月 2 日于外交部

勋爵阁下:阁下 1859 年 3 月 7 日快函已收到。现通知阁下,女王陛下政府同意阁下随函抄附的关于通知中国钦差大臣谓女王陛下政府将不坚持女王陛下公使常驻北京的照会。

女王陛下政府对**阁下业已建议**西马縻各厘海军少将在上海集结一批炮艇,以便护送普鲁斯先生**上驶白河**一事,亦表赞同。

马姆兹伯里”

可见,额尔金勋爵事先就知道英国政府“将愿意”用由“炮艇”组成的“一支大军”护送他的弟弟普鲁斯先生上驶白河,而且他曾命令海军少将西马縻各厘准备好一切“以作此用”。马姆兹伯里伯爵在他 5 月 2 日的快函中,赞同了额尔金勋爵对海军少将提出的建议。全部信函表明额尔金勋爵是主人,马姆兹伯里勋爵是仆从。额尔金勋爵总是采取主动,根据原来从帕麦斯顿那里得到的训令行事,甚至不等待唐宁街[43]的新训令;而马姆兹伯里却心甘情愿地去满足他那傲慢的僚属暗中强加给他的“意愿”。额尔金说条约还没有批准,他们无权进入中国的任何江河,他点头称是;额尔金认为在执行条约中有关公使驻京条款的问题上,他们对中国人应持较多的容忍态度,他点头称是;额尔金直接违反自己过去讲过的话而声称有权用一支“由炮艇组成的大舰队”强行通过白河时,他也毫无难色地点头称是。他的点头称是,和道勃雷对教堂司事的提议点头称是①一模一样。

如果回想一下托利党内阁上台时伦敦《泰晤士报》**14**及其他有势力的报纸所发出的叫喊,那么马姆兹伯里伯爵所显露出的那副可怜相和他的卑恭态度就容易理解了。这些报纸说托利党内阁的上台,对于额尔金勋爵遵照帕麦斯顿的指示而行将在中国取得的辉煌成就是严重的威胁;说托利党政府即使只是为了怄气,为了证明他们对帕麦斯顿炮轰广州事件投不信任票的正确性,也很可能要破坏这个成就。马姆兹伯里自己被这种叫喊吓住了。何况在他心目中还铭记着埃伦伯勒勋爵的命运。埃伦伯勒勋爵敢于公然抵制高贵的子爵②对印度的政策,为了酬答他的爱国勇气,他自己在德比内阁中的同僚竟把他做了牺牲品。**95**因此,马姆兹伯里就把全部主动权交到了额尔金手里,结果使额尔金能够执行帕麦斯顿的计划,而将责任推卸给帕麦斯顿的官场敌手——托利党。正是这种情况现在使托利党人在对白河事件应采取何种对策这一点上处于很尴尬的两难境地。他们必须要么和帕麦斯顿一同鼓吹战争,从而使他继续当政;要么抛弃他们在最近一次意大利战争期间曾经令人作呕地拼命吹捧的这位马姆兹伯里。**96**

因为迫在眉睫的第三次对华战争并不受英国商界方面的欢迎,所以这个抉择更令人头痛了。在1857年,商界曾跨上不列颠狮子,因为他们当时指望从强迫开放的中国市场获得巨大的商业利润。现在却相反,眼见已经到手的条约果实忽然从他们手里被夺走,他们感到愤怒了。他们知道,即使不发生会使局势进一步复

① 莎士比亚《无事生非》第4幕第2场。——编者注
② 亨·帕麦斯顿。——编者注

杂化的大规模对华战争,欧洲和印度的形势看来也已经够严重的了。他们没有忘记,在1857年茶叶进口量减少了2400多万磅,这种商品几乎完全是从广州输出的,而当时广州正好是唯一的战场。因此他们担心,这种因战争而妨碍贸易的现象,现在可能扩展到上海和天朝帝国的其他通商口岸。可是英国人在为鸦片走私的利益发动了第一次对华战争、为保护海盗划艇进行了第二次对华战争之后,为达到一个高潮,就只有在公使常驻首都这个使中国十分为难的问题上,再来一次对华战争了。

卡·马克思写于1859年9月13、16、20和30日

载于1859年9月27日,10月1、10和18日《纽约每日论坛报》第5750、5754、5761和5768号

原文是英文

选自《马克思恩格斯选集》第3版第1卷第826—842页

卡·马克思

对　华　贸　易[97]

　　过去有个时候,曾经流行过一种十分虚妄的见解,以为天朝帝
国"大门被冲开"一定会大大促进美国和英国的商业;当时我们曾
根据对本世纪初以来中国对外贸易所作的较详尽的考察指出,这
些奢望是没有可靠根据的。① 我们曾认为,除我们已证明与西方
工业品销售成反比的鸦片贸易之外,妨碍对华出口贸易迅速扩大
的主要因素,是那个依靠小农业与家庭工业相结合而存在的中国
社会经济结构。为了证实我们以前的论断,现在可以援引题为
《关于额尔金伯爵赴华赴日特别使命的函件》②的蓝皮书[46]。
　　每当亚洲各国的什么地方对输入商品的实际需求与设想的需
求——设想的需求大多是根据新市场的大小、当地人口的多寡,以
及某些重要的口岸外货销售情况等表面资料推算出来的——不相
符时,急于扩大贸易地域的商人们就极易于把自己的失望归咎于
野蛮政府所设置的人为障碍在作梗,因此可以用强力清除这些障
碍。正是这种错觉,在我们这个时代里,使得英国商人拼命支持每

---

① 见本书第 75—80、81—86 页。——编者注
② 《关于额尔金伯爵赴华赴日特别使命的函件。1857—1859 年》1859 年
　　伦敦版。——编者注

一个许诺以海盗式的侵略强迫野蛮人缔结通商条约的大臣。这样一来,假想中对外贸易从中国当局方面遇到的人为障碍,事实上便构成了在商界人士眼中能为对天朝帝国施加的一切暴行辩护的极好借口。额尔金勋爵的蓝皮书中所包含的宝贵材料,将会使一切没有成见的人大大消除这些危险的错觉。

蓝皮书中附有 1852 年广州的一位英国官员米切尔先生致乔治·文翰爵士的报告书。我们现在从这份报告书中摘录如下的一段:

"我们与这个国家〈中国〉的通商条约充分生效至今〈1852 年〉已将近 10 年。每一个可能设想的障碍都已清除,1 000 英里长的新海岸已对我们开放,新的商埠已经在紧靠生产地区之处和沿海最方便的地点建立起来。但是,就我们所预期的对我国工业品消费数量的增加而论,其结果又怎样呢?老实说来结果就是:经过 10 年以后,商业部的表报告诉我们,亨利·璞鼎查爵士在 1843 年签订补充条约①时所见到的当时的贸易量,较之他的条约本身在 1850 年底给我们带来的还要大些〈!〉——这里是就我们本国制造的工业品而论的,我们本国制造的工业品是我们现在所考虑的唯一问题。"

米切尔先生承认,自从 1842 年条约②订立以来,几乎完全是以白银交换鸦片的中印贸易,已经大大发展。但即使是对于这种贸易,他也还补充说:

"它从 1834 年到 1844 年的发展,与从 1844 年到现在的发展,速度是相同的,而在后一个时期内,可以认为它是在条约的保护之下进行的。另一方面,从商业部的表报上,我们看到一件非常突出的事实,即 1850 年底我们向中国出口的工业品,同 1844 年底相比,几乎减少了 75 万英镑。"

---

① 指南京条约的补充条约,即虎门条约。——编者注
② 南京条约。——编者注

1842 年条约在促进英国对华出口贸易方面,没有发生丝毫作用,这可以从下表看出:

申报价值

	1849	1850	1851	1852	1853	1854	1855	1856	1857
棉织品	1 001 283	1 020 915	1 598 829	1 905 321	1 408 433	640 820	883 985	1 544 235	1 731 909
毛织品	370 878	404 797	373 399	434 616	203 875	156 959	134 070	268 642	286 852
其他商品	164 948	148 433	189 040	163 662	137 289	202 937	259 889	403 246	431 221
共 计	1 537 109	1 574 145	2 161 268	2 503 599	1 749 597	1 000 716	1 277 944	2 216 123	2 449 982

现在我们把这些数字与据米切尔说 1843 年为 175 万英镑的中国对英国工业品的需求额比较一下,就可以看出,在最近九年内,英国的输出,有五年远远低于 1843 年的水平,而 1854 年只有 1843 年的 $\frac{10}{17}$。米切尔先生首先用一些看来过于笼统而不能确切证明任何具体事物的理由来解释这一惊人的事实。他说:

"中国人的习惯是这样节俭、这样因循守旧,甚至他们穿的衣服都完全是以前他们祖先所穿过的。这就是说,他们除了必不可少的以外,不论卖给他们的东西多么便宜,他们一概不要。""一个靠劳动为生的中国人,一件新衣至少要穿上三年,而且在这个期间还要能经得住干最粗的粗活时的磨损,不然他们是添置不起的。而像那样的衣服所用的棉花,至少要相当于我们运到中国去的最重的棉织品所用棉花重量的三倍,换句话说,它的重量必须相当于我们能运到中国去的最重的粗斜纹布和平布重量的三倍。"

没有需要以及对传统服式的偏爱,这些是文明商业在一切新市场上都要遇到的障碍。至于粗斜纹布的厚度和强度,难道英国和美国的制造商不能使他们的产品适合中国人的特殊需要吗?这里我们就接触到问题的症结了。1844 年,米切尔先生曾将各种质料的土布样品寄到英国去,并且注明其价格。同他通信的人告诉他,按照他所开列的价格,他们在曼彻斯特不能生产那种布匹,更不能把它运往中国。为什么世界上最先进的工厂制度生产出的产品,售价竟不能比最原始的织机上用手工织出的布更低廉呢?我们上面已经指出过的那种小农业与家庭工业的结合,解答了这个谜。我们再来引述米切尔先生的话吧:

"在收获完毕以后,农家所有的人手,不分老少,都一齐去梳棉、纺纱和织布;他们就用这种家庭自织的料子,一种粗重而结实、经得起两三年粗穿的布料,来缝制自己的衣服;而将余下来的拿到附近城镇去卖,城镇的小店主就收购这种土布来供应城镇居民及河上的船民。这个国家十分之九的人都穿这种手织的衣料,其质地各不相同,从最粗的粗棉布到最细的本色布都有,全都是在农家生产出来的,生产者所用的成本简直只有原料的价值,或者毋宁说只有他交换原料所用的自家生产的糖的价值。我们的制造商只要稍稍思索一下这种做法的令人赞叹的节俭性,以及它与农民其他活路的可以说是巧妙的穿插配合,就会一目了然,以粗布而论,他们是没有任何希望与之竞争的。每一个富裕的农家都有织布机,世界各国也许只有中国有这个特点。在所有别的国家,人们只限于梳棉和纺纱——到此为止,而把纺成的棉纱送交专门的织工去织成布匹。只有节俭的中国人才一干到底。中国人不但梳棉和纺纱,而且还依靠自己的妻女和雇工的帮助,自己织布;他的生产并不以仅仅供给自己家庭的需要为限,而且是以生产一定数量的布匹供应附近城镇及河上船民作为他那一季工作的一个主要部分。

因此,福建的农民不单单是一个农民,他既是庄稼汉又是工业生产者。他生产布匹,除原料的成本外,简直不费分文。如前所说,他是在自己家里经自己的妻女和雇工的手而生产这种布匹的;既不要额外的劳力,又不费特别的时间。在他的庄稼正在生长时,在收获完毕以后,以及在无法进行户外劳动的雨天,他就让他家里的人们纺纱织布。总之,一年到头一有可利用的空余时间,这个家庭工业的典型代表就去干他的事,生产一些有用的东西。"

下面是额尔金勋爵对他溯航长江时所见到的农民的描述,可以看做是对米切尔先生的记载的补充:

"我所看到的情形使我相信,中国农民一般说来过着丰衣足食和心满意足的生活。我曾竭力从他们那里获取关于他们的土地面积、土地占有性质、他们必须交纳的税金以及诸如此类的精确资料,虽所得无几,我已得出这样的结论:他们大都拥有极有限的从皇帝那里得来的完全私有的土地,每年须交纳一定的不算过高的税金;这些有利情况,再加上他们特别刻苦耐劳,就能充分满足他们衣食方面的简单需要。"

正是这种农业与手工业的结合,过去长期阻挡了而且现时仍然妨碍着英国商品输往东印度。但在东印度,那种农业与手工业的结合是以一种特殊的土地所有制为基础的。而英国人凭着自己作为当地最高地主的地位,能够破坏这种土地所有制,从而强使一部分印度自给自足的公社变成纯粹的农场,生产鸦片、棉花、靛青、大麻之类的原料来和英国货交换。在中国,英国人还没有能够行使这种权力,将来也未必能做到这一点。

卡·马克思写于 1859 年 11 月中　　原文是英文

载于 1859 年 12 月 3 日《纽约每日　　选自《马克思恩格斯选集》第 3 版
论坛报》第 5808 号　　第 1 卷第 843—847 页

卡·马克思

英国的政治⁹⁸

在议会关于回奏书⁹⁹的辩论中,最引人注意的问题是:第三次对华战争¹⁰⁰、对法商约¹⁰¹和意大利形势的复杂化。应当看到,中国问题不仅是一个国际问题,而且是一个极端重要的宪法问题。帕麦斯顿勋爵独断下令进行的第二次对华战争¹⁰⁰,先是导致下院对他的内阁投不信任票,接着是他强行解散下院;而新的下院虽然是由他一手包办选举出来的,但从来没有人要求撤销上一届所通过的判决。直到此时此刻,帕麦斯顿勋爵的第二次对华战争,还受着一个议会裁决案的谴责。然而事情还不止于此。

1859年9月16日,英国接到在白河被击退¹⁰²的报告。帕麦斯顿勋爵不是召开议会,而是致书路易·波拿巴,同这个独裁者商谈派一支新的英法远征军去打中国。如格雷勋爵所说,

> "3个月来,英国的港口和军械库一片忙碌之声,进行着各种准备,以便向中国运送大炮、军需品、炮艇,以及在海军之外加派不下1万人的陆军。"①

一方面由于同法国达成的协议,另一方面由于事先不通知议

---

① 亨·乔·格雷《1860年1月24日在上院的演说》,载于1860年1月25日《泰晤士报》第23525号。——编者注

会而花费的大笔开支,这两件事已经把国家不折不扣地卷入一次新的战争,而议会召开时,却被无礼地要求"感谢女王①陛下把已经发生的事情和为远征中国而正在进行的准备通知了他们"。这与路易-拿破仑本人对他自己的**立法团**³³说话的方式,或者皇帝亚历山大②对他的参议院说话的方式,有什么不同呢?

1857 年在下院关于回奏书的辩论中,现任财政大臣格莱斯顿先生谈到波斯战争²⁶时曾经愤慨地大声疾呼:

"我不怕反对,我要说,不事先通过议会就开战的做法,是同我国的惯例完全抵触的,这种做法危及宪法,为了使这样危险的事完全不可能重演,绝对需要下院加以干涉。"③

帕麦斯顿勋爵不仅重演了一回"这样危及宪法"的事;他这一次不仅是在伪善的格莱斯顿先生的赞同下重演的,而且,好像是想试试内阁不负责任的做法有多大威力似的,他利用议会的权利对付国王,利用国王的君权对付议会,利用二者的特权对付人民,居然肆无忌惮地在同样的活动范围内重演这种危险的事。他的一次对华战争还在受着议会的谴责,他就置议会于不顾又进行另一次对华战争。然而在两院中却还有一个唯一鼓足勇气反对内阁这种越权行为的人。说也奇怪,这唯一的一位并不是立法机构里的民主派,而是贵族派。此人就是格雷勋爵。他对答复女王演词的回奏书提出了修正案,说没有听取议会两院的意见就发动远征是不应该的。

执政党的发言人和女王陛下反对派的领袖对待格雷勋爵修正

---

① 维多利亚女王。——编者注
② 俄国皇帝亚历山大二世。——编者注
③ 转引自格雷勋爵《1860 年 1 月 24 日在上院的演说》,载于 1860 年 1 月 25 日《泰晤士报》第 23525 号。——编者注

案的方式,都清楚地说明英国代议机关正在迅速走向什么样的政治危机。格雷勋爵承认,形式上国王享有宣战的特权,但是,既然大臣们事先不经议会批准不得在任何事情上花费一分钱,所以在没有事先通知议会、没有提请议会为支付这些可能的花费做好准备以前,国王的责任代表们决不允许发动军事远征,这就是宪法的法律与惯例。因此,只要国民的参政机关认为适当,它在一开始就可以制止大臣们所策划的任何不正当或不明智的战争。为了说明过去是怎样严格遵守这些规章的,勋爵阁下举了几个例子:1790年,当几艘英国船在美国的西北海岸遭西班牙人劫持时,皮特曾向两院下达国王咨文①,要求两院通过一项拨款,以备支付可能的花费。另一次,在 1826 年 12 月,当西班牙的斐迪南七世为了援助唐·米格尔而打算入侵葡萄牙,唐·佩德罗的女儿向英国求援时,坎宁下达了同样的咨文②,把问题的性质和可能需要的费用通知议会。[103]最后,格雷勋爵清楚地暗示,政府胆大妄为,不经议会同意而向全国征了税,因为已经造成的大笔支出,必定已设法偿付,如果没有挪用完全留作他用的拨款,那是偿付不了的。

格雷勋爵到底从内阁方面得到了什么样的回答呢?曾经带头否认帕麦斯顿第二次对华战争的合法性的纽卡斯尔公爵的回答是:第一,"近年来树立了非常良好的惯例,即对回奏书决不提出任何修正案,除非有某种重大的政党目的要争取实现"。因此,格

---

① 乔治三世《关于西班牙人在努特卡海湾夺取船只的咨文。1790 年 5 月 5 日》,载于《截至 1803 年止的英国议会史》1816 年伦敦版第 28 卷。——编者注
② 乔治四世《关于葡萄牙的咨文。1826 年 12 月 11 日》,载于《汉萨德的议会辩论录》1827 年伦敦版第 16 卷。——编者注

雷勋爵既然不是出于派别性的动机,也不是想要把大臣们赶走以便自己挤进来,那么,纽卡斯尔公爵至死也想不通,他破坏这个"近年来非常良好的惯例"究竟是什么意思?难道他竟然荒唐到以为人家会为了重大的政党目的以外的什么别的事情而争斗起来吗?第二,皮特和坎宁如此热心遵守的宪法惯例被帕麦斯顿勋爵一而再、再而三地违反,难道不是众所周知的事吗?这位高贵的子爵不是曾经自作主张,于 1831 年在葡萄牙[104]、1850 年在希腊[105],以及像纽卡斯尔公爵还可能补充的,在波斯[26]、阿富汗[92]和其他许多国家进行过战争吗?怎么,议会既然三十年来一直让帕麦斯顿勋爵僭越宣战、媾和和征税的大权,那它为什么要突然一下子打破自己长期俯首听命的传统呢?宪法可能在格雷勋爵一边,但时效[106]无疑是在帕麦斯顿勋爵一边。既然以前他从未因这类"明智的"革新而受过惩罚,那么,时至今日为什么一定要责问这位高贵的子爵呢?事实上,格雷勋爵企图打破帕麦斯顿勋爵随意处理自己财产——英国的军队和钱财——的时效特权,而纽卡斯尔公爵没有指控格雷勋爵造反,似乎已经够宽容大度的了。

纽卡斯尔公爵竭力要证明远征白河的合法性,他采取的方式也同样别出心裁。根据 1843 年的英中条约[15],英国享有天朝给予最惠国的一切权利。而俄国在最近与中国签订的条约中规定了白河的航行权。[107]因此,按照 1843 年的条约,英国也享有这样的航行权。纽卡斯尔公爵说,这一点他是能够坚持的,"不需要什么有力的专门论证"①。可是他未必能够!一方面,这里有一个颇为尴

---

① 亨·纽卡斯尔《1860 年 1 月 24 日在上院的演说》,载于 1860 年 1 月 25 日《泰晤士报》第 23525 号。——编者注

尴尬的情况,即俄国的条约是在白河惨败以后才批准,从而才开始实际存在的。这自然不过是一种不值一提的**倒逆论法**。另一方面,大家都知道,在战争状态中,一切现行条约都暂停生效。如果英国人在远征白河时同中国人是处于战争状态,那么不言而喻,他们既不能援用1843年的条约,也不能援用其他任何条约。如果他们不是处于战争状态,那就是帕麦斯顿内阁不经议会批准擅自发动了新的战争。为了回避这种两难局面的后一难题,可怜的纽卡斯尔断定,自从炮击广州[22]以来,最近两年当中,"英国从来没有同中国处于和平状态"。因此,政府只是继续进行敌对行动,而不是重新开始敌对行动,因此,纽卡斯尔也就可以不用专门的论证而援用只是在和平时期才有效的条约。而内阁首相帕麦斯顿勋爵为了使这种奇怪的辩术更加精彩,与此同时在下院断言,整个这一时期,英国**"从来没有同中国处于战争状态"**[①]。两国现在也是这样。自然,发生过炮击广州、白河惨败以及英法远征等事件,但是没有发生过战争,因为从来没有**宣战**,因为直到现在中国皇帝[②]还允许在上海照常做生意。帕麦斯顿在对中国人的关系上把战争的所有国际法准则破坏无遗。正是这个事实,却被他用做理由,为自己在对英国议会的关系上不遵守宪法准则的行为辩护,而他在上院的代表格兰维尔伯爵则轻蔑地宣称:"关于中国问题","政府征求议会的意见"是"一个纯粹形式上的问题"。政府征求议会的意见竟然是一个纯粹形式上的问题! 那么,英国的议会和法国的**立法团**还有什么区别呢? 在法国,至少是一个被当作民族英雄继承者的人

---

① 亨·约·帕麦斯顿《1860年1月25日在下院的演说》,载于1860年1月26日《泰晤士报》第23526号。——编者注

② 咸丰帝。——编者注

明目张胆地取国家而代之,同时公开承担这一僭越行动的全部风险。而在英国,则是所谓的内阁中一个二等发言人,一个腐朽衰颓的官迷,一个无名的废物,这些人利用议会的低能,靠着一家平庸报刊蛊惑人心的胡言乱语,一声不响地,毫无风险地,悄悄地窃取了不对任何人负责的权力。如果一方面拿一位苏拉掀起的骚动[108],另一方面拿股份银行经理、慈善会秘书或教区委员会执事的招摇撞骗唯利是图的手段来比较一下,你就会了解法国皇帝的僭越行动和英国内阁的僭越行动有什么区别了!

德比勋爵充分认识到保持内阁的无能与不负责任对两派都同样有利,他自然"不能同意高贵的伯爵〈格雷〉对政府的**失职**所作的严厉指责"。他不能完全同意格雷勋爵所表示的不满,即"政府本该召开议会,征询它对中国问题的意见",而"如果格雷勋爵坚持要求把修正案提付表决",那他"决不投赞成票"。①

结果,修正案没有提付表决,而两院关于对华战争的全部辩论,也就消失在两派对光荣地使英军葬身污泥的舰队司令贺布的一片奇怪的颂扬声中了。

卡·马克思写于 1860 年 1 月 27 日

载于 1860 年 2 月 14 日《纽约每日论坛报》第 5868 号

原文是英文

选自《马克思恩格斯全集》中文第 2 版第 19 卷第 47—52 页

---

① 爱·德比《1860 年 1 月 24 日在上院的演说》,载于 1860 年 1 月 25 日《泰晤士报》第 23525 号。——编者注

卡·马克思

中 国 记 事[109]

在桌子开始跳舞之前的一些时候，**中国**，这块活的化石，就开始革命了。[110]这种现象本身并不含有什么特殊的东西，因为在东方各国我们总是看到，社会基础停滞不动，而夺得政治上层建筑的人物和种族却不断更迭。中国是被外族王朝统治着。为什么过了三百年不能来一个推翻这个王朝的运动呢？运动一开始就带有宗教色彩，但这是一切东方运动所共有的。运动发生的直接原因显然是：欧洲人的干涉、鸦片战争、鸦片战争所引起的现存政权的动摇、白银的外流、外货输入对经济平衡的破坏，等等。我曾感到很奇怪，鸦片没有起催眠作用，反而起了惊醒作用。其实，在这次中国革命中奇异的只是它的体现者。除了改朝换代以外，他们不知道自己负有什么使命。他们没有任何口号。他们对民众说来比对老统治者们说来还要可怕。他们的使命，好像仅仅是用丑恶万状、毫无建设性的破坏来与停滞腐朽对立。为了说明这些"灾星"的特点，我们把**夏福礼**先生（驻宁波的英国领事）给驻北京的英国公使**普鲁斯**先生的一封信[111]摘录如下。

夏福礼先生写道：宁波落入革命**太平军**之手已经三个月了。这里同这些强盗们统治所及的任何地方一样，破坏是唯一的结果。

难道他们还追求别的目的吗？在他们看来,使自己拥有无限的胡作非为的权力实际上同伤害别人生命一样重要。太平军的这种观点,同胡说什么太平军将"解放中国","复兴中国","拯救人民"和"推行基督教"的英国传教士们的幻想实在不相符合。他们吵吵嚷嚷煞有介事地闹了10年,结果是破坏了一切,而什么也没建设起来。

夏福礼先生继续写道:不错,太平军同外国人正式交往时,表现得比清朝官吏要好些,他们做事比较直爽,大刀阔斧,坚决果断,但他们的优点仅限于此。

太平军如何供养自己的军队呢？他们的兵士没有薪饷,而是靠战利品生活。如果夺得的城市富,兵士们就吃不完喝不尽;如果夺得的城市穷,他们就表现出堪称模范的忍耐态度。夏福礼先生问过一个穿着很好的太平军兵士,问他是否喜欢干这种行业。那个兵士回答说:"我怎么会不喜欢呢？我看中什么就拿什么,谁要是抗拒,那就⋯⋯"——他做了一个表示砍头的手势。而这就是他的惯用语。在太平军看来,一个人头并不比一个菜头贵。

革命军的核心是由正规军——服役多年久经战斗的老兵构成的。其余部分则是一些年轻的新兵或出击时抓来当兵的农民。首领们总是故意把在某个被征服的省份强征来的军队,派到一个别的遥远的省份去。例如在宁波,叛乱者们现在就操着40种不同的方言,而宁波方言此刻也第一次传到了遥远地区。在每个地区,所有的流氓、游民和坏蛋都自愿地归附太平军,军纪只要求在执行任务时服从命令。太平军不准结婚和吸鸦片,违者处以死刑。只有"到天下太平的时候"才可以结婚。作为补偿,太平军在攻下一个居民未及逃离的城市后的头三天里,可以任意凌辱妇女。三天以后,所有的女人都被强行赶出城市。

引起恐惧,是太平军的全部战术。他们的成功全靠这种妙法的效用。他们制造恐惧的方法是:一开始,在某一个地方一下子出动大批人马。他们先派探子秘密探路,散布扰乱人心的谣言,在各处放起几把火。这些探子如果被清朝官吏抓住处死,总是马上就有别人来代替,直到清朝官吏同城市的居民一起逃出城市,或者像占领宁波时那样,一片惶恐的局面使得叛乱者有可能轻易获胜为止。

制造恐惧的一大法宝就是太平军身上穿的五颜六色的丑角式衣着。此等装束只能使欧洲人觉得好笑,而对中国人来说却有神奇的作用。因此,这种丑角式衣着在作战的时候给叛乱者带来的优势比线膛炮还要大。况且,他们还有一头又长又黑或者染黑的乱发,目露凶光,发出凄厉的号叫,装出狂怒的样子——这就足以把古板的、温顺的、循规蹈矩的中国老百姓吓死。

在探子散布了惊恐情绪之后,接着便出现了被故意驱赶来的逃难村民,他们夸张地讲述着就要到来的军队怎样众多、怎样强大、怎样可怕。当城里起火,守军头脑里想着这种可怕的场面而出动的时候,远远就看到一个个五颜六色的怪物,吓得他们不知所措,魂不附体。适当的时机一到,成千成万的太平军就手持大刀、长矛和鸟枪,向着吓得半死的敌军猛扑,只要不遇到抵抗就把什么都扫荡个干干净净,不久前在上海就是如此。

夏福礼先生说:"太平军这东西是个空空的庞然大物。"

显然,太平军给人的印象就是中国人想象中的那个凶神恶煞下凡。而这种凶神恶煞只是在中国才可能有。它是停滞的社会生活的产物。

写于 1862 年 6 月 17 日—7 月初　　　原文是德文

载于 1862 年 7 月 7 日《新闻报》第 185 号　　　选自《马克思恩格斯全集》中文第 1 版第 15 卷第 545—548 页

重要论述辑录

19 世纪 40 年代至 60 年代
著述中有关中国的论述

自从中国的港口开放以后[17]，夺取新市场的可能性已经没有了，而只能加紧压榨现有的市场，加之将来工业的扩展要比现在缓慢得多，所以英国现在比以前更不能容忍竞争者了。为了保护本国的工业，使它不致灭亡，英国必须使其他国家的工业停留在很低的水平上；对它来说，保持工业的垄断已经不纯粹是一个获利多少的问题，而变成**一个生死存亡的问题**了。不用说，各国之间的竞争比个人之间的竞争要激烈得多，要尖锐得多，因为这是一个集中的、大规模的斗争，这个斗争只能以一方的决定性胜利和他方的决定性失败而告终。因此，我们和英国人之间的这种斗争，不管结果如何，既不会给我们的工业家，也不会给英国的工业家带来好处，它只能引起社会革命，正如我刚才所证明的那样。

恩格斯:《在埃尔伯费尔德的演说。1845 年 2 月 15 日的演说》，见《马克思恩格斯全集》中文第 1 版第 2 卷第 623 页

各个相互影响的活动范围在这个发展进程中越是扩大，各民族的原始封闭状态由于日益完善的生产方式、交往以及因交往而

自然形成的不同民族之间的分工消灭得越是彻底,历史也就越是成为世界历史。例如,如果在英国发明了一种机器,它夺走了印度和中国的无数劳动者的饭碗,并引起这些国家的整个生存形式的改变,那么,这个发明便成为一个世界历史性的事实;同样,砂糖和咖啡是这样来表明自己在 19 世纪具有的世界历史意义的:拿破仑的大陆体系[73]所引起的这两种产品的匮乏推动了德国人起来反抗拿破仑,从而就成为光荣的 1813 年解放战争的现实基础。由此可见,历史向世界历史的转变,不是"自我意识"、世界精神或者某个形而上学幽灵的某种纯粹的抽象行动,而是完全物质的、可以通过经验证明的行动,每一个过着实际生活的、需要吃、喝、穿的个人都可以证明这种行动。

马克思和恩格斯:《德意志意识形态》,见《马克思恩格斯选集》第 3 版第 1 卷第 168—169 页

由于在世界各国机器劳动不断降低工业品的价格,旧的工场手工业制度或以手工劳动为基础的工业制度完全被摧毁。所有那些迄今①或多或少置身于历史发展之外、工业迄今建立在工场手工业基础上的半野蛮国家,随之也就被迫脱离了它们的闭关自守状态。这些国家购买比较便宜的英国商品,把本国的工场手工业工人置于死地。因此,那些几千年来没有进步的国家,例如印度,都已经进行了完全的革命,甚至中国现在也正走向革命。事情已经发展到这样的地步:今天英国发明的新机器,一年之内就会夺去中国千百万工人的饭碗。这样,大工业便把世界各国人民互相联

---

① 本文写于 1847 年 10 月底—11 月。——编者注

系起来,把所有地方性的小市场联合成为一个世界市场,到处为文明和进步做好了准备,使各文明国家里发生的一切必然影响到其余各国。因此,如果现在英国或法国的工人获得解放,这必然会引起其他一切国家的革命,这种革命迟早会使这些国家的工人也获得解放。

恩格斯:《共产主义原理》,见《马克思恩格斯选集》
第 3 版第 1 卷第 299 页

自从英国人霸占世界贸易并把制造业发展到能够以自己的产品供应几乎整个文明世界的水平,自从资产阶级获得政治统治,英国人就在**亚洲**取得更多的进展,而资产阶级也就在那里兴旺起来了。随着机器的推广,其他国家的野蛮状态不断被消灭。我们知道,西班牙人①所看到的**东印度**和英国人所看到的**东印度**处于同一个发展阶段,印度人仍然按着老方式生活了几个世纪,也就是吃、喝、呆板地过日子;祖父怎样耕种自己的土地,孙子也就怎样做;只是发生过许多次革命,而这种革命也只不过是各个部落之间争权的斗争而已。自从英国人到那里去并开始推销自己的工业品以后,印度人被夺去了谋生之计,结果,他们脱离了原有的稳定状态。工人们已经离开故乡,由于和其他民族混杂在一起,他们才接触到文明。旧的印度贵族彻底垮台了,在那里人们被置于互相敌对的境地,就像我们这里一样。

稍后,我们看到,**中国**这个一千多年来一直抗拒任何发展和历史运动的国家现在怎样被英国人、被机器翻转过来,卷入文明

---

① 本文为恩格斯的演说记录。在记录中这里写成:西班牙人。显然是笔误,应为葡萄牙人。——编者注

之中。

奥地利,这个欧洲的中国,这个内部制度没有被法国革命所动摇、连拿破仑也对它毫无办法的唯一国家,对蒸汽力却顶不住了;机器把那里的一切都突然改变了;保护关税给这个国家带来了机器。结果小资产阶级兴起,推翻了上层贵族,结果梅特涅碰上了他肯定没有预料到的事:在波希米亚议会的最近一次会议上,资产阶级拒绝批准他要求的五万古尔登的税款。社会阶级发生了变化,小手工业者破产了,被迫去当普通的工人,由此就出现了对梅特涅来说可能是危险的因素。

> 恩格斯:《1847年11月30日在伦敦德意志工人教育协会的演说》(记录),见《马克思恩格斯全集》中文第1版第42卷第472—473页

美洲的发现、绕过非洲的航行,给新兴的资产阶级开辟了新天地。东印度和中国的市场、美洲的殖民化、对殖民地的贸易、交换手段和一般商品的增加,使商业、航海业和工业空前高涨,因而使正在崩溃的封建社会内部的革命因素迅速发展。

> 马克思和恩格斯:《共产党宣言》,见《马克思恩格斯选集》第3版第1卷第401页

一条跨越30个纬度的海岸①是世界上最美丽最富饶的海岸之一,以前几乎荒无人迹,现在②正迅速地变成一个富足的文明区域。这里稠密地居住着一切种族的人:从美国佬到华人,从黑人到

---

① 指从美国的加利福尼亚到中美洲的巴拿马这一段海岸。——编者注
② 本文写于1850年1月底—2月底之间。——编者注

印第安人和马来人,从克里奥尔人和梅斯蒂索人①到欧洲人。加利福尼亚的黄金**2**流遍美洲,流遍亚洲的太平洋沿岸地区,甚至把最倔强的野蛮民族也拖进了世界贸易,拖进了文明。……再过几年,我们就将有一条固定航线,从英国通往查格雷斯,从查格雷斯和圣弗朗西斯科②通往悉尼、广州和新加坡。加利福尼亚的黄金和美国的不断努力,将使太平洋两岸很快就会同现在从波士顿到新奥尔良的海岸地区一样,人口也那样稠密、贸易也那样方便、工业也那样发达。那时,太平洋就会像大西洋在现代,地中海在古代和中世纪一样,起着伟大的世界水路交通线的作用;而大西洋的地位将要降低,而像现在的地中海那样只起一个内海的作用。

马克思和恩格斯:《时评。1850 年 1—2 月》,见《马克思
恩格斯全集》中文第 2 版第 10 卷第 275—276 页

最后,再谈一件由著名的德国传教士郭士立从中国带回来的有代表性的新鲜奇闻。这个国家的缓慢地但不断地增加的过剩人口,早已使它的社会状况变得为这个民族的大多数人所难以忍受。后来英国人来了,夺得在五个口岸自由通商的权利。成千上万的英美船只开往中国;这个国家很快就为英国和美国用机器生产的廉价工业品所充斥。以手工劳动为基础的中国工业经不住机器的竞争。牢固的中华帝国遭受了社会危机。不再有税金收入,国家

---

① 克里奥尔人指出生于拉丁美洲的白人以及白人或克里奥尔人与印第安人所生的混血子女;梅斯蒂索人指白人与印第安人的混血后裔。——编者注

② 查格雷斯是巴拿马中部加勒比海岸边的一个城市;圣弗朗西斯科即美国的旧金山。——编者注

濒于破产,大批居民落得一贫如洗,这些居民起而闹事,迁怒于皇帝的官吏和佛教僧侣,打击并杀戮他们。这个国家现在已经接近灭亡,已经面临着一场大规模革命的威胁。但更糟糕的是,在造反的平民当中有人指出了一部分人贫穷和另一部分人富有的现象,要求重新分配财产,甚至要求完全消灭私有制,而且至今①还在要求。当郭士立先生离开20年之后又回到文明人和欧洲人中间来的时候,他听到人们在谈论社会主义,于是问道:这是什么意思?别人向他解释以后,他便惊叫起来:

"这么说来,我岂不到哪儿也躲不开这个害人的学说了吗? 这正是中国许多暴民近来所宣传的那一套啊!"

当然,中国社会主义之于欧洲社会主义,也许就像中国哲学与黑格尔哲学一样。但是有一个事实毕竟是令人欣慰的,即世界上最古老最巩固的帝国八年来被英国资产者的印花布带到了一场必将对文明产生极其重要结果的社会变革的前夕。当我们的欧洲反动分子不久的将来在亚洲逃难,到达万里长城,到达最反动最保守的堡垒的大门的时候,他们说不定会看见上面写着:

中华共和国

自由,平等,博爱

马克思和恩格斯:《时评。1850年1—2月》,见《马克思恩格斯全集》中文第2版第10卷第276—278页

----

① 本文写于1850年1月底—2月底之间。——编者注

其实,目前①对英国"秩序"威胁最大的并不是来自巴黎的危险,而是这种秩序造成的新的最直接的后果,是那棵英国的自由之树所结出的果实——**商业危机**。

……生产日益减缩;几乎所有工厂都缩短工时。工厂指望大陆的春季订货能给工业生产带来暂时的复苏,但是,不仅国内市场、东印度、中国和黎凡特的以前的订货现在多半已经退掉,平常能保证生产两个月的大陆订货由于政局动荡也几乎完全没有了。

马克思和恩格斯:《时评。1850 年 3 — 4 月》,见《马克思
恩格斯全集》中文第 2 版第 10 卷第 355、356 页

由于 1849 年棉纺织业的巨大发展,在同年最后几个月曾再次尝试把商品运到东印度市场和中国市场。但是这些地方还没有卖出去的大批存货使这种尝试很快就破产了。这时,由于原料和殖民地商品消费量的增加,产生了对这些物品进行投机的尝试。但是由于供应突然增加和 1847 年的创伤还记忆犹新,这个尝试也很快就被遏制住了。

由于不久前②荷兰殖民地的开放,由于太平洋上即将开辟新航线……以及由于 1851 年将举办大型工业博览会,工业将会更加繁荣。在 1849 年,当整个大陆还醉心于革命的时候,英国资产阶级就以令人赞赏的冷静宣布将举办这个博览会。它举办这个博览会,就是要把它从法国到中国的所有仆从召集到一起,来一次重大的考核,他们在这次考核中表明,他们如何利用了自己的时间;就连万能

---

① 本文写于 1850 年 3 月中—4 月 18 日之间。——编者注
② 本文大约写于 1850 年 10 月—11 月 1 日。——编者注

的俄国沙皇也不得不命令他的臣下多派些人参加这次重大的考核。

马克思和恩格斯:《时评。1850 年 5 — 10 月》,见《马克思恩格斯全集》中文第 2 版第 10 卷第 585 页

太平洋实际上只是现在①才被打开并将成为世界上最重要的大洋……扩大欧洲与查格雷斯之间的航运是日益迫切的了,而亚洲、澳洲和美洲之间的频繁交往要求开辟从巴拿马和圣弗朗西斯科到广州、新加坡、悉尼、新西兰和太平洋的最重要停泊地桑威奇群岛的规模巨大的新航线。……即使许多公司会破产,轮船还依然存在,而这些轮船将加倍发展大西洋上的运输,开辟太平洋上的交通,把澳大利亚、新西兰、新加坡、中国跟美洲联系起来,把环球旅行时间缩短到四个月。

马克思和恩格斯:《时评。1850 年 5 — 10 月》,见《马克思恩格斯全集》中文第 2 版第 10 卷第 590—591、591、592—593 页

德国工业在 14 和 15 世纪已经相当繁荣……　一系列或多或少具有重要意义的发明大大促进了手工业的发展,其中具有光辉历史意义的是火药★和印刷术的发明。

★现在已经毫无疑义地证实,火药是从中国经过印度传给阿拉伯人,又从阿拉伯人那里同火器一道经过西班牙传入欧洲的。

恩格斯:《德国农民战争》,见《马克思恩格斯文集》第 2 卷第 221 页。本条正文下方所附的注文是恩格斯在《德国农民战争》1875 年版上加的

---

① 本文大约写于 1850 年 10 月 —11 月 1 日。——编者注

迪费公司(曼彻斯特)的年报指出,1852 年 12 月份同印度和中国的贸易是十分广泛的,上面提到的货币充裕被认为有利于企业家到远地的市场上去开展活动,并能使他们在年初所受到的商品和产品方面的损失得到补偿。

> 马克思:《政局展望。——商业繁荣。——饿死人事件》,
> 见《马克思恩格斯全集》中文第 2 版第 11 卷第 602 页

到了 1813 年,公司³已无力继续抵挡广大商业界的压力,结果,除了同中国贸易的垄断权保留以外,同印度的贸易在一定条件下向私人竞争开放。

> 马克思:《东印度公司,它的历史与结果》,见《马克思恩格斯全集》中文第 2 版第 12 卷第 167 页

至于中国市场,所有的报告书都一致指出,那里急于出售,不愿买进,金银都被窖藏起来;而且,在这个巨大帝国的革命运动①实现自己的目标以前,这种状况决不会有任何改变。

> 马克思:《政治动态。——欧洲缺粮》,见《马克思恩格斯全集》中文第 2 版第 12 卷第 353 页

在中国革命①刚刚开始的时候,我曾经提醒读者注意中国革命对大不列颠的社会状况可能发生的灾难性影响。②

现在③《观察家》**112**告诉我们:"中国发生的起义正在产茶地区不可抑制地蔓延;结果,伦敦市场上的茶叶**价格看涨**,而上海市场上的白布**价格**

---

① 指太平天国革命。——编者注
② 见本书第 5—13 页。——编者注
③ 本文大约写于 1853 年 10 月 29 日—11 月 1 日。——编者注

看跌。"

在利物浦布什比公司的通报中,我们可以看到:

"上海的茶叶市场的开市价格比上季高约 40%——50%。存货不多,而新货来得很慢。"

根据广州最近的消息,

"起义运动广泛地蔓延于全国,**贸易有完全被破坏的危险**;工业产品几乎全都跌价,有时跌得很厉害。存货数量很大,而且越积越多,我们担心将来情况也未必能够好转。在厦门,除了几箱鸦片以外,进口贸易目前显然已经停顿下来。"

关于上海市场的情况,是这样报道的:

"红茶和生丝都是自由售卖的,但是物主提出的条件却大大地限制了业务;**没有人愿意换取工业品**,交易主要是靠价格很低的鸦片和从广州带来的银锭来实现。从广州已运出大量金银,储存很快就会用光,所以我们不得不到别处设法筹措银锭和银币,没有这些东西,我们很快就无法采购产品,除非在进口贸易中情况发生显著的好转。进口贸易的业务极受限制,现在主要是用拍卖的方式销售残次品。"

10 月 21 日在曼彻斯特出版的吉布森公司的商业通报指出,当前萧条的最主要原因在于:

"不仅目前从我们巨大的中国市场上不断传来坏消息,而且今后还会继续得到这类消息,因为人们对钱财交易抱着不信任心理,这种情况在长时期内都是不可避免的,它是在这个大帝国的管理和制度方面看来将要实行的普遍的和根本的变革的结果。"

马克思:《战争。——罢工。——缺粮》,见《马克思恩格斯全集》中文第 2 版第 12 卷第 512——514 页至于茶叶,大家都知道,由于中国革命①和与之相联系的商业混乱,出现了投机性的需求。这种需求的产生,是出于对未来的担心,而不是基于现在②的需要。

马克思:《繁荣。——工人问题》,见《马克思恩格斯全集》中文第 2 版第 12 卷第 542—543 页

俄国很可能指望把中国的西藏和鞑靼皇帝③作为同盟者,如果鞑靼皇帝被赶到满洲并且放弃中国本土的王位的话。你们都知道,汉族造反者④开始了反对佛教的真正的十字军讨伐,烧毁寺庙,杀死和尚。**113**但是鞑靼人信奉佛教,而承认中国主权的西藏是大喇嘛的所在地,被信仰佛教的人看作是圣地。因此,如果天王⑤能够把清王朝赶出中国,以后他将不得不同鞑靼人的佛教政权进行宗教战争。由于佛教信仰盛行于喜马拉雅山的两边,英国不能不支持新的中国王朝,所以毫无疑问,沙皇将站在鞑靼族方面,唆使他们反对英国,并千方百计地在尼泊尔挑起宗教暴乱。从最近⑥东方来的邮件我们知道,

“中国皇帝预见到北京会失守,曾命令各省总督把皇室的收入交到热河——这是皇帝的旧的氏族领土和他现在在满洲的夏宫,在长城东北约八十英里的地方”。

---

① 指太平天国革命。——编者注
② 本文写于 1853 年 11 月 15 日。——编者注
③ 西方通常将中国北方诸民族泛称为“鞑靼”,这里指满族。鞑靼皇帝指清咸丰帝。——编者注
④ 指太平军。——编者注
⑤ 指洪秀全。——编者注
⑥ 本文写于 1854 年 2 月 28 日和 3 月 3 日。——编者注

总而言之,不久就要在汉人同鞑靼人之间发生宗教大战,这个战争一定会波及印度边境一带。

> 马克思:《英国和法国的军事计划。——希腊人暴动。——西班牙。——中国》,见《马克思恩格斯全集》中文第 2 版第 13 卷第 117 页

西班牙的革命和随后在这个地区的走私的盛行,给不列颠的产品提供了一个极为有利的市场。由于东方战争[114]引起的种种顾虑,黎凡特市场看来是唯一没有商品过剩的市场,但是,正如我们知道的,兰开夏郡在三个来月以前就着手在这个地区捞回过去忽略掉的东西,而现在,我们得到消息说:君士坦丁堡也被大量的棉织品、毛织品、小五金、刀具和其他的英国商品压得喘不过气来。可以说,政治事件对商业停滞的漫延起过显著影响的唯一国家就是中国。

曼彻斯特的一家公司写道:

"对于我国能逐渐发展对中国的出口贸易所抱的希望,现在几乎已完全成为幻想,目前在这个国家发生的暴动起初被认为有利于对外交往,现在看来是对这个国家的劫掠,是对商业的彻底破坏。我们对于同中国的出口贸易的发展曾寄予很大的希望,而现在这种出口贸易几乎完全停止了。"①

我们的读者大概还记得,当中国革命②初具规模的时候,我们就曾预言过今天英国出口公司所抱怨的那些破坏性的

---

① 《1854 年贸易年度报告》,载于 1855 年 1 月 6 日《经济学家》第 593 期。——编者注
② 指太平天国革命。——编者注

后果。①

> 马克思:《英国工商业的危机》,见《马克思恩格斯
> 全集》中文第2版第14卷第47—48页

　　黄金对白银的比价下跌的事,现在再也不能有任何怀疑了。但是白银也肯定**不见了**,不过到哪里去了,我不很清楚。在中国由于局势不稳定,一定有许多白银被埋起来和藏起来。其次,近来的贸易差额对印度和中国是大大的顺差,对英国、大陆和美洲这方面则是大大的逆差。无论如何,对约翰牛十分惬意的是,现在每1英镑就要亏损6便士。

> 恩格斯:不早于1856年9月27日致马克思的信,
> 见《马克思恩格斯全集》中文第1版第29卷第75页

　　白银外流还因为有个更重大的因素在起作用,这就是对中国和印度的贸易。说来也怪,1847年大危机的主要特点也是对中国和印度的贸易。这个问题我们还要回头来谈②,因为对欧洲行将发生的危机的经济前兆进行一番研究是很重要的。

> 马克思:《欧洲金融危机产生的原因》,见《马克思
> 恩格斯全集》中文第1版第12卷第69页

　　为了对波斯的动乱和中国的动乱③同样做出正确评价,就必

---

① 马克思《中国革命和欧洲革命》(见本书第5—13页)、《战争。——罢
　工。——缺粮》(见《马克思恩格斯全集》中文第2版第12卷第512—
　513页)。——编者注
② 见本书第14—20页。——编者注
③ 波斯的动乱指1856—1857年英国对波斯的战争;中国的动乱指第二次
　鸦片战争。——编者注

须把它们同帕姆①在这两个地区最初采取的那些行动加以比较，因为它们两者都只是重复而已。第一次对华战争②，按他掌权时期的打法，即便打上一百年，也只能是使俄国的陆上茶叶贸易扩大，使俄国在北京的影响增强，而不会有任何别的结果。只是在罗·皮尔爵士内阁时期，埃伦伯勒才使这次战争发生"英国式的"转变。

> 马克思：1857 年 3 月 18 日致恩格斯的信，见《马克思恩格斯全集》中文第 1 版第 29 卷第 107 页

法国和欧洲其他各国从西班牙的阿拉伯人那里得知火药的制造和使用，阿拉伯人则是从他们东面的各国学来的，后者又是从最初的发明者中国人那里学到的。

> 恩格斯：《军队》，见《马克思恩格斯全集》中文第 2 版第 16 卷第 247—248 页

我们只需看看第一次对华战争，看看可以说是昨天发生的事件。当时英国军人只是为了取乐而犯下滔天罪行；他们的狂暴既不是被宗教狂热所驱使，也不是由对专横暴虐的征服者的仇恨所激起，也不是因英勇的敌方的顽强抵抗而引起。他们强奸妇女，枪挑儿童，焚烧整个整个的村庄，完全是卑劣的寻欢作乐，记录下这些暴行的不是中国官吏，而是那些英国军官自己。

> 马克思：《印度起义》，见《马克思恩格斯全集》中文第 2 版第 16 卷第 335 页

---

① 帕麦斯顿。——编者注
② 指第一次鸦片战争。——编者注

现在几乎所有的人都承认，发明火药并利用它朝一定方向抛射重物的，是东方国家。在中国和印度，土壤中含有天然硝石，因此当地居民自然早就了解了它的特性。中国很早就用硝石和其他可燃物混合制成了烟火剂，用于军事和盛大的庆典。还没有资料说明人们究竟何时知道用硝石、硫磺和木炭配成一种特殊的混合物，其爆炸性能使它具有重大的意义。根据帕拉韦先生 1850 年在法国科学院的一份报告①所引证的某些中国史料，在公元前 618 年就有了火炮；在其他一些中国古代的著述中，也有用竹筒发射燃烧实心弹以及类似爆炸弹的记载。不过总的来说，火药和火炮在军事上的应用，看来在中国古代并没有得到充分的发展，因为到公元 1232 年才证实第一次大量使用它们，当时被蒙古人围困在开封府的中国人，曾经使用抛射石弹的火炮来抵御敌人，并且还使用了爆炸弹、炸药筒和其他利用火药的烟火剂。

根据希腊著作家埃利安努斯、克提西阿斯、菲洛斯特拉特和泰米斯提乌斯提出的证据，印度人似乎在亚历山大大帝时代已经使用了某种军用烟火剂。然而这种烟火剂并不是火药，尽管其中含有大量硝石。一些印度法典好像曾提及某种火器，当然其中也提到火药，按照霍·海·威尔逊教授的说法，印度古代的一些医书已载有火药的配方。但是，关于火炮的最初记载，和最早被确凿证实的火炮在中国最早出现的时间几乎完全一致。大约写于 1200 年的哈泽德的一些诗篇，曾提到发射实心弹的引火装置，发射时的啸

---

① 可能指帕拉韦《关于亚洲和印度波斯古代发明的火药和火器的笔记》1850 年巴黎版。——编者注

声在 10 寇司①(1 500 码)远的地方都可以听到。有的著作中提到,德里的王大约在 1258 年曾拥有装在炮架上的烟火剂。一百年以后,印度已广泛使用火炮,1498 年葡萄牙人到达印度时,发现印度人在使用火器方面竟和他们一样先进。

阿拉伯人从中国人和印度人那里学会了提取硝石和制造烟火剂。在阿拉伯,硝石有两种名称,意思是中国的盐和中国的雪。古代阿拉伯的一些著作家曾提到"中国的红火和白火"。阿拉伯人开始使用纵火器的时期几乎也就是他们大举侵入亚洲和非洲的时期[115]。拜占庭的希腊人最初则是从他们的敌人阿拉伯人那里学会制造烟火剂(以后发展成为"希腊火")的,这是可以肯定的,——这里且撇开据说穆罕默德知道并使用过的一种神奇的火器"茂兼尼兹"不谈。9 世纪的著作家马可·格雷克提到一个配方:六分硝石、二分硫磺、一分木炭,与真正的火药成分非常近似。② 在欧洲的著作家中,罗吉尔·培根大约在 1216 年在他的《论魔法的荒诞》[116]一书中最先提出了相当精确的火药配方,但是在这以后整整一百年中,西方各国并不知道如何使用火药。不过,阿拉伯人看来却很快就丰富了从中国人那里学到的知识。根据孔代所著西班牙摩尔人的历史一书,1118 年萨拉戈萨围攻战[117]中就使用了火炮,1132 年,西班牙除了其他火炮,还铸造了发射四磅炮弹的口径的长炮。大家知道,1156 年阿卜杜尔·穆明利用火器夺取了阿尔及利亚波尼附近的马赫迪亚,第二年利用发射箭矢和石块的火器击退卡斯蒂利亚人,守住了西班牙的

---

① 印度的长度单位,相当于 1—3 英里。——编者注
② 马可·格雷克《制敌之火》。——编者注

涅布拉城。如果说阿拉伯人在 12 世纪使用的发射器的特点至今还没研究清楚,那么可以完全肯定的是,火炮在 1280 年已被使用于攻打科尔多瓦,14 世纪初火炮的知识已由阿拉伯人传给了西班牙人。1308 年,斐迪南四世利用火炮夺取了直布罗陀。1312 年和 1323 年在巴萨、1326 年在马尔托斯、1331 年在阿利坎特的强攻中都使用了火炮;在这几次围攻战中,还用火炮发射了燃烧弹。使用火炮的知识又从西班牙人传到欧洲其他各国。法国人在 1338 年在皮纪尧姆围攻战中使用了火炮,同年,普鲁士的德意志骑士[118]也使用了火炮。到 1350 年,火器已流传到西欧、南欧和中欧各国。火炮起源于东方这一点,还可以从欧洲最古的火炮的制造方法中得到证实。那时,火炮是用锻铁条竖着焊成圆筒、外面用大铁箍箍紧而制成的。火炮由几个部分组成,可拆卸的炮尾是在射击时装填完毕后才装在炮筒上的。中国和印度最古的火炮也完全是这样制造的,它们同欧洲最古的火炮属于同样早的年代,甚至更早。

恩格斯:《炮兵》,见《马克思恩格斯全集》中文第 2 版第 16 卷第 438—440 页

到目前为止,还没有过一次危机很快地一下子停止,而当前的危机①是在十年繁荣和欺诈之后出现的,就更不可能这样。现在再也没有新的澳大利亚和加利福尼亚[2]来救命了,而且中国要有二十年陷在泥坑里。而这第一次打击的猛烈程度表明危机的规模有多么巨大。在开采出巨量黄金和工业相应地大大扩展以后,也不

————————

① 1857 年英、美、德、法等国都发生了经济危机。——编者注

可能有另一种情况。

恩格斯:1857 年 11 月 15 日致马克思的信,见《马克思恩格斯全集》中文第 1 版第 29 卷第 203 页

这里①的营业非常非常好;六个星期以来,纱厂厂主在每磅粗纱或中等纱上比他们最近三年来多赚 1 便士到 $1\frac{1}{4}$ 便士,所以就出现了前所未闻的事:在利物浦人能够在棉花上多拿到 $\frac{1}{4}$ 便士之前,这里纱的市场价格已提高 1 便士。最近 10—12 天内涨风稍疲,但所有纱厂厂主都有长期订货,而且需求量仍然很大,足以保持现有的价格。假如这种状况再持续一些时候,要求提高工资的运动就会开始。在法国,棉纱厂厂主一个时期来也比近几年赚钱多(这点是肯定无疑的;我是从一个亲自在那里待过的棉花经纪人那儿听到的);那里其他方面的生意怎样,我不十分清楚,但交易所的状况表明大有好转。所有这一切看起来真是乐观死了,但要不是根据对印度和中国的估计而进行着大大过量的生产,鬼知道这局面还能持续多久。目前在印度进行的贸易一定异常兴旺:上上次的孟买邮班带来消息说,两周内卖出 32 万匹棉布;而上次邮班又带来卖了 10 万匹的消息。这些家伙已把他们刚刚得悉在曼彻斯特买进、甚至还没有装船的货全部作为期货预售出去。这里市侩们的议论和市场状况使我觉得,印度和中国是过量生产的直接原因。如果冬季情况良好,那么无疑可以预料,在春季空头信贷和空头期票又会大兴其时。

恩格斯:1858 年 10 月 7 日致马克思的信,见《马克思恩格斯全集》中文第 1 版第 29 卷第 343—344 页

---

① 曼彻斯特。——编者注

资产阶级社会的真正任务是建成世界市场(至少是一个轮廓)和确立以这种市场为基础的生产。因为地球是圆的,所以随着加利福尼亚和澳大利亚的殖民地化,随着中国和日本的门户开放,这个过程看来已完成了。对我们来说,困难的问题是:大陆上革命已经迫在眉睫,并将立即具有社会主义的性质。但是,由于在广大得多的地域内资产阶级社会还在走上坡路,革命在这个小小角落里不会必然被镇压吗?

至于特别谈到中国,我在仔细分析了 1836 年以来的贸易动向之后,可以肯定地说:**首先**,1844 — 1846 年英国和美国的出口增长,在 1847 年就已经证明完全是假的,并且在后来的 10 年当中出口额平均起来几乎是停滞不动的,而英国和美国从中国的进口却大大地增长了;**其次**,五口通商和占领香港仅仅产生了一个结果:贸易从广州转移到上海。其他"贸易中心"是算不上数的。这个市场失败的主要原因看来是鸦片贸易,事实上,对中国的出口贸易的全部增长额始终都只限于这一项贸易,第二个原因则是这个国家内部的经济组织和小农业等等,摧毁这一切需要很长的时间。目前那个据我看是帕麦斯顿同彼得堡内阁联合炮制出来交给额尔金勋爵带去的英中条约①,是一个彻头彻尾的讽刺。

> 马克思:1858 年 10 月 8 日致恩格斯的信,见《马克思恩格斯文集》第 10 卷第 166 — 167 页

如果你觉得有必要,在星期二之前或大约这个时间,我可以写

---

① 指 1858 年天津条约。——编者注

一篇关于俄中条约的文章①(这个条约对英国和法国来说是多么丢脸!)——自然,只要我搬家的事不插进来就行。要不要写,请告知;并就你所推测的额尔金的条约②和帕姆③之间的联系,再给我提供一些材料。但也许你自己已经写了这样的文章?

> 恩格斯:1858 年 10 月 21 日致马克思的信,见《马克思恩格斯全集》中文第 1 版第 29 卷第 350—351 页

西伯利亚和中国之间的商品交换,事实上虽然纯粹是物物交换,但是以银为价格尺度。

> 马克思:《政治经济学批判。第一分册》,见《马克思恩格斯全集》中文第 2 版第 31 卷第 468 页

在银和金依法同时充当货币即充当价值尺度的地方,想把它们当作**同一物质**看待,总是徒劳的。如果假定同一劳动时间固定不变地对象化在银和金的同一比例中,这实际上就是假定银和金是同一物质,而银这种价值较低的金属是金的一个固定不变的分数。从爱德华三世起到乔治二世时期,英国币制史经历了一连串的混乱,其原因是法定的金银比价同金银价值的实际变动不断发生冲突。有时金的估价高了,有时银的估价高了。估价低的金属退出流通,被熔化和输出。于是两种金属的比价再由法律予以更改,但新的名义价值很快又像旧的那样同实际的比价发生冲突。

---

① 即后来在《纽约每日论坛报》上发表的《俄国在远东的成功》一文。见本书第 87—92 页。——编者注
② 指 1858 年中英天津条约。——编者注
③ 帕麦斯顿。——编者注

现代①,由于印度和中国需要银,同银相比,金的价值暂时略微低落,结果在法国大规模地发生了上述现象:银被输出,被金逐出于流通之外。1855、1856 和 1857 年,输入法国的金比从法国输出的金多了 4 158 万镑,而从法国输出的银比输入法国的银多了 34 704 000 镑。在像法国这样的国家里,两种金属都是法定的价值尺度,两者在支付中都必须接受,每个人都可以随意用其中的一种来支付,在这里价值增大的金属实际上有贴水,它同其他任何商品一样用估价过高的金属来计量自己的价格,而其实也只有估价过高的那种金属才起着价值尺度的作用。这方面的全部历史经验总结起来不过是:凡有两种商品依法充当价值尺度的地方,事实上总是只有一种商品保持着这种地位。

> 马克思:《政治经济学批判。第一分册》,见《马克思恩格斯全集》中文第 2 版第 31 卷第 469—470 页

　　在信用完全没有发展的国家,如中国,早就有了强制通用的纸币。★

　　★ 曼德维尔(约翰爵士)《航海与旅行》1705 年伦敦版第 105 页:"这个皇帝(中国皇帝)可以无限制地尽情挥霍。因为除了烙印的皮或纸以外,他不支出也不制造任何其他货币。当这些货币流通太久,开始破烂时,人们把它们交给御库,以旧币换新币。这种货币通行全国和各省……他们既不用金也不用银来制造货币",曼德维尔认为,"因此他可以不断地无限制地支出"。

> 马克思:《政治经济学批判。第一分册》,见《马克思恩格斯全集》中文第 2 版第 31 卷第 511—512 页。本条正文下方所附的注文是马克思加的。

---

① 本文写于 1858 年 8 月至 1859 年 1 月。——编者注

在恰克图的边境贸易,事实上或条约上[119]都是物物交换,银在其中不过是价值尺度。1857—1858 年的战争①迫使中国人只卖不买。于是银就突然成了购买手段。俄国人为了遵守条约上的字句,把法国的五法郎银币改铸成粗陋的银器,用来当作交换手段。一方面在欧美之间,另一方面在欧洲和亚洲之间,银一直充当购买手段,而在亚洲,它就沉淀为贮藏货币。

马克思:《政治经济学批判。第一分册》,见《马克思恩格斯全集》中文第 2 版第 31 卷第 545 页

在古代亚细亚,金银价值的比例是 6∶1 或 8∶1,[120]在 19 世纪初期,后一比例还存在于中国和日本……

马克思:《政治经济学批判。第一分册》,见《马克思恩格斯全集》中文第 2 版第 31 卷第 551 页

我把《论坛报》[21]敲打了一下,出了一口气。这家讨厌的报纸一连几个月把我关于中国的全部文章(英中贸易的全部历史等等)作为社论发表出来,甚至还对这些文章写了恭维话。但是最后当中英条约的**正式**条文公布的时候,我写了一篇文章②,其中谈到,中国人"现在将使鸦片输入合法化而且还对鸦片征收进口税[76],最后大概还要允许在中国本国种植鸦片",因此,"第二次鸦片战争"迟早会给英国的鸦片贸易,特别是印度国库以致命的打击。好!那位德纳先生把这篇文章作为伦敦的一个"临时通讯员"写的东西刊登出来,而自己写了一篇胡说八道的社论,来**反驳**

---

① 第二次鸦片战争的第一阶段。——编者注
② 指《中国和英国的条约》一文,见本书第 81—86 页。——编者注

他的"临时"通讯员。现在(准确地说是**星期一**),菲茨杰拉德和斯坦利在下院代表内阁**逐字逐句地**证实了我的预言。因此,星期二我以"临时通讯员"的身份又写了一篇文章①,对我的"指正者"稍加嘲笑,语气自然是克制的。

> 马克思:1858 年 12 月 17 日致恩格斯的信,见《马克思恩格斯全集》中文第 1 版第 29 卷第 363 页

由于同中国缔结条约②,迄今每年约 400 万英镑的鸦片收益受到很大的威胁。垄断必定会破产,不久之后,中国本国也将会大种其鸦片。鸦片就因为它是违禁品才带来收益。

> 马克思:1859 年 4 月 9 日致恩格斯的信,见《马克思恩格斯全集》中文第 1 版第 29 卷第 398 页

你可能还记得,我一开始就告诉过你,从对华贸易中指望不到什么结果。贸易部最近的报告[121]证实了这一点:

	1860 年 英镑	1861 年 英镑
中国 ……………………	2 872 045	3 114 157
香港 ……………………	2 445 991	1 733 967
总计	5 318 036	4 848 124

可见,输出总额是减少了。直接的输出额增加了,经过香港的输出额减少了。

> 马克思:1862 年 3 月 3 日致恩格斯的信,见《马克思恩格斯全集》中文第 1 版第 30 卷第 220 页

---

① 此文《纽约每日论坛报》未刊载。——编者注
② 指的是 1858 年签订的不平等的天津条约的附件。——编者注

对华贸易和 1852 年以前的情形相比,当然是增长了,但是远不如加利福尼亚和澳大利亚的发现**2**以来同所有其他市场的贸易。此外,在过去的报告里,把香港当作英国的领地,同中国分开计算,所以"中国"项下的输出额一直(从 40 年代起)少于整个输出额。最后,1859 年以后的增长,到 1861 年又降到过去的水平。

马克思:1862 年 3 月 6 日致恩格斯的信,见《马克思恩格斯全集》中文第 1 版第 30 卷第 223 页

在博物馆①里,我在博埃齐(他是民族大迁徙时期的著作家)《论算术》一书中读到关于古罗马人的除法(他当然不知道**任何其他除法**)。从这本书以及其他我用来与之相比较的一些著作中,可以看出:不太大的计算,例[如]②在家庭开支和商业中,从来不用[数字]②而只用石子和其他类似的标记在算盘上进行。在这种算盘上定出几条平行线,同样几个石子或其他显著的标记在第一行表示几个,在第二行表示几十,在第三行表示几百,在第四行表示几千,余类推。这种算盘几乎整个中世纪都曾使用,直到今天中国人还在使用。

马克思:1864 年 4 月 14 日致莱·菲力蒲斯的信,见《马克思恩格斯全集》中文第 1 版第 30 卷第 650 页

这里③的企业营业情况仍然处于极其严重的停滞状态中。印度和中国因工厂主们④实行委托销售**122**而商品充斥,在斯托克波

---

① 英国博物馆的图书馆。——编者注
② 手稿此处缺损。——编者注
③ 曼彻斯特。——编者注
④ 指英国的工厂主们。——编者注

尔特①有两万人罢工。缩短开工时间的工厂越来越多,如果这种情况不迅速改变,那么到今年 5 月我们这里就会出现生产过剩的大危机。这对**激进的**改革运动只会有好处。

> 恩格斯:1867 年 3 月 13 日致马克思的信,见《马克思恩格斯全集》中文第 1 版第 31 卷第 282 页

---

① 斯托克波尔特是曼彻斯特附近的一个工业城市。——编者注

《资本论》中有关中国的论述

我们想起了,当世界其他一切地方好像静止的时候,中国和桌子开始跳起舞来,以激励别人[110]。

马克思:《资本论》第 1 卷,见《马克思恩格斯文集》第 5 卷第 88 页脚注(25)

清朝户部右侍郎王茂荫向天子[咸丰]上了一个奏折,主张暗将官票宝钞改为可兑现的钞票。[123]在 1854 年 4 月的大臣审议报告中,他受到严厉申斥。他是否因此受到笞刑,不得而知。审议报告最后说:"臣等详阅所奏……所论专利商而不便于国。"(《帝俄驻北京公使馆关于中国的著述》[124],卡·阿贝尔博士和弗·阿·梅克伦堡译自俄文,1858 年柏林版第 1 卷第 47 页及以下几页)

马克思:《资本论》第 1 卷,见《马克思恩格斯文集》第 5 卷第 149—150 脚注(83)

在商品流通的初期,只是使用价值的多余部分转化为货币。这样,金和银自然就成为这种多余部分或财富的社会表现。在有些民族中,与传统的自给自足的生产方式相适应,需要范围是固定封闭的,在这些民族中,这种素朴的货币贮藏形式就永恒化了。在亚洲人那里,特别是在印度人那里,情况就是这样。范德林特以为商品价格决定于一个国家现有的金银量,他自问:为什么印度的商品这样便宜? 他回答说:因为印度人埋藏货币。他指出,从1602年到1734年,他们埋藏的银值15 000万镑,这些银最先是从美洲运到欧洲去的。从1856年到1866年这10年间,英国输往印度和中国的银(输到中国的银大部分又流入印度)值12 000万镑,这些银原先是用澳大利亚的金换来的。

马克思:《资本论》第1卷,见《马克思恩格斯文集》
第5卷第153—154页

在英国的农业区,和在工厂区一样,成年男工和女工的鸦片消费量也日益增加。"扩大鸦片剂的销路……已成为某些有胆量的批发商的主要目的。药商认为鸦片剂是最畅销的商品。"(同上,第459页)①服用鸦片剂的婴儿"萎缩成小老头或瘦得像小猴子"(同上,第460页)。人们看到,印度和中国是怎样报复英国的。

马克思:《资本论》第1卷,见《马克思恩格斯文集》
第5卷第459页脚注(133)

棉业危机时期机器的迅速改良,使英国工厂主能在美国南北战争结束后立即又使商品充斥世界市场。到1866年下半年,布匹几乎就卖不出去了。于是,商品开始运往中国和印度委托销售,这自然使商品充斥更加严重。1867年初,工厂主采取了他们惯用的摆脱困境的手段,把工资降低5%。工人起来反抗,

---

① 《公共卫生。枢密院卫生视察员的报告。第6号报告。1863年。附附录》1864年伦敦版。——编者注

并且宣称,唯一的出路是缩短劳动时间,每周工作四天(这在理论上是完全正确的)。经过较长时期的抗拒以后,自命的工业司令官们不得不决定照这样做。不过有些地方工资降低5%,有些地方没有降低。**125**

> 马克思:《资本论》第 1 卷,见《马克思恩格斯文集》
> 第 5 卷第 499 页脚注(207)

议员斯特普尔顿向他的选举人说:"如果中国成了一个大工业国,那么欧洲的工人人口除非把生活水平降低到他们的竞争者的水平,否则,我就不知道他们怎样才能坚持竞争。"(1873 年 9 月 9 日《泰晤士报》)**14**——现在英国资本渴望达到的目标已经不再是大陆的工资,而是中国的工资了。

> 马克思:《资本论》第 1 卷,见《马克思恩格斯文集》
> 第 5 卷第 693 页脚注(53)

美洲金银产地的发现,土著居民的被剿灭、被奴役和被埋葬于矿井,对东印度开始进行的征服和掠夺,非洲变成商业性地猎获黑人的场所——这一切标志着资本主义生产时代的曙光。这些田园诗式的过程是原始积累的主要因素。接踵而来的是欧洲各国以地球为战场而进行的商业战争。这场战争以尼德兰脱离西班牙**126**开始,在英国的反雅各宾战争**127**中具有巨大的规模,并且在对中国的鸦片战争中继续进行下去,等等。

> 马克思:《资本论》第 1 卷,见《马克思恩格斯选集》
> 第 3 版第 2 卷第 296 页

大家知道,英国东印度公司**3**除了在东印度拥有政治统治权外,还拥有茶叶贸易、同中国的贸易和对欧洲往来的货运的垄断权。

马克思:《资本论》第 1 卷,见《马克思恩格斯文集》
第 5 卷第 862 页

　　处于**市场**上的商品的数量和多样性不仅取决于**产品的数量和
多样性**,而且还部分地取决于作为**商品**生产出来、因而必须作为**商
品**投入市场出售的那个产品部分有多大。而这又取决于把产品只
作为商品生产的资本主义生产方式的发展**程度**,也取决于这一生
产方式支配一切生产领域的**程度**。因而在像英国这样一些发达的
资本主义国家同像印度和中国这样一些国家之间的交换上出现了
严重的不适应。这是**危机的原因之一**,而这样一些蠢驴们完全忽
略了这一点,他们对于产品同产品交换阶段感到心满意足,同时忘
记了,**产品本身还决不是商品**,因此,产品也可能不同其他产品相
交换。这同时是一种刺激因素,它促使英国人等等摧毁中国、印度
等等的旧生产方式,把它改造成为商品生产,其中也包括以国际分
工为基础的商品生产(也就是改造成为具有适应**资本主义生产**的
形式的生产)。例如,对于毛纺业主或棉纺业主来说,部分地做到
了这一点,他们的办法是按低于现有的价格出售,从而摧毁了旧的
生产方式,因为这种生产方式不能同较便宜地生产商品的资本主
义生产方式进行竞争。

马克思:《资本论》第 2 卷第 I 稿,见《马克思恩格斯
全集》中文第 1 版第 49 卷第 310—311 页

茶叶从中国经陆路运往俄国[128]

　　"在 1724—1816 年,以及后来的 1819—1822 年,从欧洲经海路输入茶叶

是许可的。1822 年被严格禁止,敖德萨自由港例外。"

从 1862 年 4 月 1 日起,广州的茶叶在交纳一定关税的情况下,又重新准许从海上输入。

现在我们来看看陆路运输。俄国和中国的茶叶贸易可能是 1792 年开始的。(40)

以前,俄国人在欧洲散布一种偏见,说什么由商队运来的茶叶比由海上从广州向欧洲进口的要好,因为海上运输会损害茶叶的香味。这些都是诡计。无论商队运来的茶叶,还是由海上从广州输出的茶叶,都是来自同一些灌木,同一些茶场:红茶主要来自福建省,花茶和绿茶主要来自安徽省。海上运输的影响完全取决于包装的时候是否采取必要的预防措施。

"经陆路运到恰克图出售的茶叶,相当大的一部分是用船直接从汉口顺扬子江运到上海的,也有一小部分是从福州和广州运到上海的;但是,较大部分的茶叶是在广州东北的福建省收来的,经陆路或水路运往衢江。从那里由苦力用**福琼**所描写的办法翻山越岭把茶叶运到常山。在这里把茶叶装在小船上,每只船约装载 200 箱。而后这些船只沿汇入钱塘江的河流往下航行 40 俄里。在那里茶叶又转上能装 500 箱的船只。载茶叶的船只过汉口市①后进入东海,然后它们沿岸到达春申江②,沿江到上海。在这里把茶叶再装上更大的船只,这些船只除其他货载外,装载 1 500 箱茶叶。这些船只离开上海,沿着海岸航行到天津,在天气好的时候,大约要 15 天才能到达。在天津,又把茶叶装在较小的约能载 200 箱的船上。它们沿白河经过 10 天到达离北京约 22 俄里的通县。从那里茶叶继续由陆路用骆驼和牛车运抵边防要塞长城边上的张家口(或口外),——距离约 252 俄里,——再从那里经过草原,或戈壁沙漠,越过 1 282 俄里到达恰克图。茶叶从福建省运抵恰克图,根据不同情况需要 2—3 个月之久。大家知道,位于俄国和中国边界上的恰克图和买卖

① 原文如此,可能是杭州市。——译者注
② 可能是吴淞江。——编者注

城是茶叶商队贸易的中心。"

"从恰克图经色金格斯克和上乌金斯克,并且经过贝加尔湖冰上的冬季道路到达伊尔库茨克,约七八天的路程。这条道路最合适的时间是从 1 月中旬至 4 月中旬。贝加尔湖长 350(英)里,宽 40 里。它往往是难以通过的,因为在降雪结束以前很少能完全结冰。在湖上滑行的雪橇的滑木下面装着铁条;在马掌上钉了防滑钉。在某些情况下,当遇到顺风的时候,只要竖起帆来就行了,没有马也可以。在西伯利亚东部主要城市伊尔库茨克,一部分茶叶留在当地出售,随着 1 月份的到来,部分茶叶运往伊尔比特市场。在这个市场上,供西伯利亚西部和彼尔姆、喀山、阿尔汉格尔斯克、奥伦堡、维亚特卡和沃洛戈达等省采购。2 月里运到托木斯克的茶叶,在多数情况下整个春天由于道路难以通行,都囤积在那里。5 月份再从托木斯克运到秋明,一部分走陆路,但主要是走水路,经托姆河到鄂毕河,经鄂毕河到额尔齐斯河,从那里到塔拉河,经该河将近 6 月末到达秋明。由秋明经陆路运到彼尔姆大致需要 12 天。在这里再装上在卡马河航行的船只;顺河而下到达喀山旁边的伏尔加河,而后沿伏尔加河上行,于 7 月末到达下诺夫哥罗德。下诺夫哥罗德现在和莫斯科有铁路相联——旅客需要 12 小时的行程。从恰克图到下诺夫哥罗德的直达运输常常因河流封冻而延续 6 个月的时间,有时只需要这段时间的一半时间,这种运输的距离是:

	俄 里:
从恰克图到伊尔库茨克	— 557
从伊尔库茨克到托木斯克	—1 554
从托木斯克到秋明	—1 768
从秋明到喀山	—1 236
从喀山到莫斯科	— 821
共计—5 936＝4 452(英)里	

从产茶的省份到恰克图是 5 000 俄里,因此,商队运输的茶叶共需走 10 936 俄里(7 291 英里)的路程,才能到达莫斯科的市场。"

1 磅最便宜的茶叶(第三季茶)在中国产茶的省份值 5 便士,运到恰克图的时候值 11 便士,运到莫斯科的时候值 26 便士(2 先令 2 便士)。1 磅同样的茶叶从伦敦经海路运到圣彼得堡,再从那里用铁路运到莫斯科值 1 先令 10 便士;经海路运到科尼斯堡,再从那里用铁路运到莫斯科值 1 先令 $9\frac{1}{2}$ 便士,如果从汉堡运到彼得堡,再从那里运到莫斯科,则可能卖 1 先令 $6\frac{3}{4}$ 便士……

俄国茶叶贸易的例子说明,海运比陆路运输相对便宜。另一方面,作为海运的特点应当指出,它的运费标准变化极大,因此,它对商品价格的影响也不一样。把商品运往遥远国家的商船,回程的时候必须携带商品(或压舱货),当时在某个港口的船只的数目,某些准备在当时输出的商品的状况等等,不断发生变化,无论如何不能像陆上运输的来去那样受人控制。例如,1866 年初从上海到英格兰和纽约的海运运费相应为每吨 1 镑 10 先令和 2 镑,5 月和 6 月运费上涨到 4 镑和 4 镑 10 先令,而到年终又重新降到最初的水平。

(40)**1792 年进口 6 851 普特,1863 年是 247 101 普特。(《女王陛下驻外使馆[秘书]的报告》1867 年[伦敦版]第 6 号第 794、797 页——卢姆勒先生关于俄国茶叶贸易的报告)**

> 马克思:《资本论》第 2 卷第 Ⅱ 稿,见《马克思恩格斯全集》中文第 1 版第 50 卷第 81—85 页。
> (40)是马克思加的注

那些造成资本主义生产的基本条件,即雇佣工人阶级的存在的情况,也促使一切商品生产过渡到资本主义的商品生产。资本主义的商品生产越发展,它对主要是直接满足自己需要而只把多余产品转化为商品的每一种旧生产形式,就越发生破坏和解体的作用。它使产品的出售成为人们关心的主要事情,它起初并没有显著地侵袭到生产方式本身,例如,资本主义的世界贸易对中国、印度、阿拉伯等国人民最初发生的影响就是如此。但是接着,在它已经扎根的地方,它就会把一切以生产者本人劳动为基础或只把多余产品当作商品出售的商品生产形式尽行破坏。它首先是使商品生产普遍化,然后使一切商品生产逐步转化为资本主义的商品生产。

马克思:《资本论》第 2 卷,见《马克思恩格斯文集》第 6 卷第 43 页

原料的日益昂贵,自然成为废物利用的刺激。

总的说来,这种再利用的条件是:这种排泄物必须是大量的,而这只有在大规模的劳动的条件下才有可能;机器的改良,使那些在原有形式上本来不能利用的物质,获得一种在新的生产中可以利用的形态;科学的进步,特别是化学的进步,发现了那些废物的有用性质。当然,在小规模园艺式的农业中,例如在伦巴第,在中国南部,在日本,也有过这种巨大的节约。不过总的说来,这种制度下的农业生产率,以人类劳动力的巨大浪费为代价,而这种劳动力也就不能用于其他生产部门。

马克思:《资本论》第 3 卷,见《马克思恩格斯文集》第 7 卷第 115—116 页

资本主义以前的、民族的生产方式具有的内部的坚固性和结构,对于商业的解体作用造成了多大的障碍,这从英国人同印度和中国的交往中可以明显地看出来。在印度和中国,小农业和家庭工业的统一形成了生产方式的广阔基础。此外,在印度还有建立在土地公有制基础上的村社的形式,这种村社在中国也是原始的形式。在印度,英国人曾经作为统治者和地租所得者,同时使用他

们的直接的政治权力和经济权力,以图摧毁这种小规模的经济公社。(50)如果说他们的商业在那里对生产方式发生了革命的影响,那只是指他们通过他们的商品的低廉价格,消灭了纺织业,——工农业生产的这种统一体的一个自古不可分割的部分,这样一来也就破坏了公社。但是,就是在这里,对他们来说,这种解体进程也是进行得极其缓慢的。在中国,那就更缓慢了,因为在这里没有直接政治权力的帮助。因农业和手工制造业的直接结合而造成的巨大的节约和时间的节省,在这里对大工业产品进行了最顽强的抵抗;因为在大工业产品的价格中,会加进大工业产品到处都要经历的流通过程的各种非生产费用。

(50)如果有哪一个民族的历史可以看做失败的和真正荒唐的(在实践上是无耻的)经济实验的历史,那就是英国人在印度经营的历史了。在孟加拉,他们创作了一幅英国大土地所有制的漫画;在印度东南部,他们创作了一幅小块土地所有制的漫画;在西北部,他们又做了他们能做的一切,把实行土地公有制的印度经济公社,变成了它本身的一幅漫画。

马克思:《资本论》第 3 卷,见《马克思恩格斯文集》第 7 卷第 372 页。

(50)是马克思加的注

1843 年,鸦片战争为英国商业打开了中国的门户。新的市场,给予当时已经存在的蓬勃扩展,特别是棉纺织业的扩展以新的借口。"我们怎么会有生产过多的时候呢? 我们要为 3 亿人提供衣服。"——当时曼彻斯特一位工厂主就是这样对笔者说的。

马克思:《资本论》第 3 卷,见《马克思恩格斯文集》第 7 卷第 458 页诱人的高额利润,使人们远远超出拥有的流动资金所许可的范围来进行过度的扩充活动。不过,信用可加以利用,它容易得到,而且便宜。银行贴现率低:1844 年是 $1\frac{3}{4}$ % - $2\frac{3}{4}$ %;1845 年直到 10 月,是在 3% 以下,后来有一个短时间(1846 年 2 月)上升到 5%,然后 1846 年 12 月,又下降到 $3\frac{1}{4}$ %。英格兰银行地库中的金储备达到了空前的规模。国内一切证券交易的行情比以往任何时候都高。因此,为什么要放过这个大好的机会呢? 为什么不大干一番呢? 为什么不把我们所能制造的一切商品运往迫切需要英国工业品的外国市场上去呢? 为什么工厂主自己不应该从在远东出售纱和布当中,并从在英国出售换回的货物当中获取双重的利益呢?

于是就产生了为换取贷款而对印度和中国实行大量委托销售[122]的制度。这种制度,像我们在以下的说明中将详细描述的那样,很快就发展成为一种专门为获得贷款而实行委托销售的制度。结果就必然造成市场商品大量过剩和崩溃。

马克思:《资本论》第 3 卷,见《马克思恩格斯文集》
第 7 卷第 459 页

在同一个报告①内,一家经营印度贸易的大商行的经理纳·亚历山大,对 50 年代中期银向印度和中国的大量流出(部分地是由于中国的内战②妨碍了英国纺织品在中国的销售,部分地是由于欧洲丝蚕的疫病,使意大利和法兰西的养蚕业大大缩小)发表

---

① 《银行法特别委员会的报告。附委员会会议记录、证词、附件和索引》1857 年伦敦版。——编者注
② 指太平天国革命。——编者注

了这样的见解：

（第 4337 号）"究竟是向中国还是向印度流出呢？——人们把银运到印度，并用其中很大一部分买了鸦片，全部运到中国去，以形成用来购买蚕丝的基金；印度<尽管有银堆积在那里>的市场状况是，把银运到那里去比把纺织品或其他英国工业品运到那里去，对商人们更为有利。"——（第 4338 号）"我们得到的银不是从法国大量流出来的吗？——是的，流出的量很大。"——（第 4344 号）"我们不是从法国和意大利进口丝，而是把大量孟加拉丝和中国丝运往法国和意大利。"

因此，银——世界的这个地区的货币金属——代替商品被送到亚洲去，并不是因为这些商品的价格在生产它们的国家（英国）上涨了，而是因为这些商品的价格在进口它们的国家，由于进口过剩而下跌了；虽然银是英国从法国得来的，而且一部分必须用金来支付。按照通货理论，在出现这种进口的时候，价格在英国必定下跌，而在印度和中国必定上涨。

马克思：《资本论》第 3 卷，见《马克思恩格斯文集》
第 7 卷第 625—626 页

在俄国、加利福尼亚和澳大利亚的金矿[129]发生影响以前，从 19 世纪初以来，供给①一直只够补偿铸币的磨损，满足对奢侈品的通常需求，以及对亚洲的银的输出。

但是，从那个时期以来，首先，随着美洲和欧洲对亚洲的贸易的增长，对亚洲的银的输出大大地增加了。

马克思：《资本论》第 3 卷，见《马克思恩格斯文集》
第 7 卷第 641 页

---

① 指贵金属的供给。——编者注

支付差额对亚洲来说可能是顺差,而对欧洲和美洲来说都是逆差。(16)

(16)(第1918号)纽马奇:"如果您把印度和中国合在一起,如果您考虑到印度和澳大利亚之间的交易,考虑到更为重要的中国和美国之间的交易,——而在这种情况下,营业是三角贸易,结算是通过我们的中介进行的,——……那么,说贸易差额不仅对英国是逆差,并且对法国和美国也是逆差,是正确的。"——(《银行法》,1857年)**130**

马克思:《资本论》第3卷,见《马克思恩格斯选集》第3版第2卷第598页。
(16)是马克思加的注

威尔逊于是指出,汇兑率也受间接贸易的影响。例如,印度向澳大利亚和北美的出口,是用向伦敦签发的汇票来支付的,因此,这种出口对汇兑率发生的影响,就像印度直接向英国出口商品完全一样。其次,如果把印度和中国合起来计算,对英国来说就是逆差,因为中国必须为购买鸦片不断向印度进行大量支付,英国又必须向中国支付。这个金额就是这样迂回地流到印度的。

马克思:《资本论》第3卷,见《马克思恩格斯文集》第7卷第655页

19世纪60年代至90年代
著述中有关中国的论述

这里①发生了最大的危机,而且这一次是**纯粹的**(虽然也是相对的)生产过剩。将近两年以来,纱厂主和制造商将这里找不到销路的商品自费运往印度和中国去委托销售**122**,从而使得本来已经充斥了的市场加倍充斥起来。现在继续这样做已不可能了,因而他们就纷纷破产。

恩格斯:1868年12月11日致马克思的信,见《马克思恩格斯全集》中文第1版第32卷第211页

俄国人在亚洲很得手。现在他们正顺利地同喀什噶尔汗②进行着战争。喀什噶尔汗过去臣服于中国人,而现在已宣布独立。假使他们能够制服**他**,那他们就直接触及已经从属于英国的地方(拉达克和克什米尔),而离英国人的边界大约200英里了。

恩格斯:1869年11月17日致马克思的信,见《马克思恩格斯全集》中文第1版第32卷第371页

---

① 曼彻斯特。——编者注
② 阿古柏。——编者注

中国的市场在逐渐扩大,看来至少在一段时期内它能够再一次地挽救棉纺织业。尽管运往那里委托销售的数量很大,但从那里来的消息颇为乐观;从此,这里①再次情况大变,人们又加油猛干起来。当然,这会使棉价再次上涨,全部利润将落入进口商的腰包。不过这里人们干的至少不是亏本生意。

> 恩格斯:1869 年 12 月 9 日致马克思的信,见《马克思恩格斯全集》中文第 1 版第 32 卷第 395 页

简单地说,就是 1844 年的再现,当时在中国市场开放[131]以后,厂主们一心只想尽可能多生产商品,因为如他们所说,他们得供应 3 亿人的衣着!然而接着来的是 1845 年和 1847 年的令人心寒的打击,这时忽然发现,3 亿中国人到目前为止,一直还在按照自己的意愿自己做衣服穿。生产过剩的英国商品在所有的市场的货栈里堆积如山,找不到销路,而企业主和投机家则成百成千地破产。

> 恩格斯:《论英国滥设企业骗财的现象》,见《马克思恩格斯全集》中文第 1 版第 17 卷第 497 页

唯一导致更带毁灭性的直接后果(但不是对本国人民,而是对他国人民)的一种生产,就是英印为毒害中国而进行的鸦片生产。②

> 恩格斯:《德意志帝国国会中的普鲁士烧酒》,见《马克思恩格斯全集》中文第 2 版第 25 卷第 50 页

---

① 曼彻斯特。——编者注
② 恩格斯认为烧酒对人们身心起着剧烈的毒害作用,这里是以鸦片的生产同烧酒的生产做比较。——编者注

白银问题,或者确切些说,复本位制问题,是利物浦的某些棉花投机商的臆造。因为在印度和中国,商业中实际上流通的只有白银,而白银的价值 10 年来从黄金价值的 $\frac{1}{15.5}$ 降到了 $\frac{1}{17.5}$—$\frac{1}{18}$,这种情况自然就使得由于向远东过量输出所引起的棉织品销售危机更加尖锐了。首先是供应的增加使价格降低了,然后,对于英国出口商来说,这种降低了的价格折合成黄金的价值也比以前更少了。机灵的利物浦人怎么也不能想象棉花有朝一日会降价,于是他们现在就用货币的差价来解释一切,并且声称:只要此地决定,白银的价值应该重新按黄金价值的 $\frac{1}{15.5}$ 折合,就是说英国公众应该听任把白银按照高于价值 13%—15% 的价格强加于自己,以便让棉织品出口商仍然得到那样多的赢利,那时一切就会顺利,同印度和中国的贸易就会繁荣起来。一些异想天开的人仍然死抱住不放的全部骗人鬼话就是如此。这种骗人鬼话从来没有多大意义。

> 恩格斯:1880 年 1 月 10 日致威·李卜克内西的信,见《马克思恩格斯全集》中文第 1 版第 34 卷第 413 页

蚕在 550 年前后从中国输入希腊。

> 恩格斯:《自然辩证法》,见《马克思恩格斯全集》中文第 2 版第 26 卷第 494 页

棉纸在 7 世纪从中国传到阿拉伯人那里,在 9 世纪输入意大利。

> 恩格斯:《自然辩证法》,见《马克思恩格斯全集》中文第 2 版第 26 卷第 494 页

我完全同意你的看法,六个多月的繁荣期将要结束。工商业复苏的唯一前景——这至少对制铁业来说是直接的,对其他行业则是间接的——是中国的铁路建设可能开放;这样,这最后一个闭关自守的、以农业和手工业相结合为基础的文明将被消灭。但是,只要六个月,这个前景就会结束,然后我们也许又要经历一次**急性的危机**。除了英国在世界市场上垄断地位的崩溃而外,新的交通联络工具,如电报、铁路、苏伊士运河和取代了帆船的轮船等,也促使十年一次的工业周期遭到破坏。如果中国今后将开放,那么不仅生产过剩的最后一个安全阀门将会失灵,而且中国将开始大批向外移民,仅仅这一点就会在整个美洲、澳洲和印度的生产条件方面引起革命,甚至也许还会波及欧洲——如果这里的情况能一直延续到那个时候的话。

> 恩格斯:1886 年 3 月 18 日致奥·倍倍尔的信,见《马克思恩格斯文集》第 10 卷第 550—551 页

俄国人的姿态软了下来,阴谋活动还继续在暗地里进行,其目的首先是在亚洲(在突厥斯坦和中国)反对英国。这样一来,今年战争的危险性就排除了。[132]

> 恩格斯:1886 年 8 月 20 日致爱·伯恩施坦的信,见《马克思恩格斯全集》中文第 1 版第 36 卷第 503 页

1847 年危机以后的工商业复苏,是新的工业时代的开端。谷物法[51]的废除以及由此而必然引起的进一步的财政改革,给英国工商业提供了它们发展所必需的全部空间。此后,很快又在加利福尼亚和澳大利亚发现了金矿[2]。殖民地市场吸收英国工业品的能力一天天增长起来。兰开夏郡的机械织机使千百万

印度手工织工陷于彻底的灭亡。中国的门户日益被打开。但发展最快的还是美国,其速度甚至对这个进展神速的国家来说也是空前的;而我们不要忘记,美国当时只是一个殖民地市场,而且是最大的殖民地市场,即输出原产品和输入工业品(当时是英国的工业品)的国家。

恩格斯:《英国工人阶级状况》1892 年德文第二版序言,
见《马克思恩格斯选集》第 3 版第 1 卷第 65—66 页

资本主义生产作为一个暂时的经济阶段,充满着各种内在矛盾,这些矛盾随着资本主义生产的发展而发展,并日趋明显。这种在建立自己的市场的同时又破坏这个市场的趋势正是这类矛盾之一。另一个矛盾是资本主义生产所造成的没有出路的状态,这种状态在俄国这样一个**没有**国外市场的国家,比那些在开放的世界市场上多少有些竞争能力的国家要出现得快一些。在后边这些国家中,这种没有出路的状态,似乎可以通过贸易上的剧烈变化和用暴力开辟新市场来摆脱。但是,即使在这样的情况下,这些国家也会陷入困境。就拿英国来说。最后一个新的市场是中国,这一市场的开辟可以使英国的贸易暂时恢复繁荣。因此,英国资本极力要修建中国的铁路。但是,中国的铁路意味着中国小农经济和家庭工业的整个基础的破坏;由于那里甚至没有中国的大工业来予以平衡,亿万居民将陷于无法生存的境地。其后果将是出现世界上从未有过的大规模移民,可憎的中国人将充斥美洲、亚洲和欧洲,并将在劳动市场上以中国的生活水准即世界上最低的生活水准,同美洲、澳洲和欧洲的工人展开竞争;如果在那之前欧洲的整个生产体系还没有发生改变,到那时也必定要发生改变。

恩格斯：1892 年 9 月 22 日致尼·弗·丹尼尔逊的
信，见《马克思恩格斯文集》第 10 卷第 635—636 页

　　我认为，中日战争①是把日本作为工具的俄国政府挑拨起来的。但是，不管这次战争的直接后果如何，有一点是必不可免的：古老中国整个传统的制度将完全崩溃。在那里，同家庭工业结合在一起的过时的农业体系，是通过无情排斥一切干扰成分而人为地维持下来的。这种全盘排外的状况，已由同英国人和法国人的战争而部分地打破了；这种状况必将由目前这场同**亚洲人**，即中国人最邻近的敌手的战争来彻底结束。

　　在陆地和海上打了败仗的中国人必定欧洲化，开放他们的港口以进行全面通商，建筑铁路和工厂，从而把那种可以养活亿万之众的旧制度完全摧毁。过剩人口将急剧地、不断地增长——被赶走的农民涌向沿海，到别的国家去谋生。如果说迄今是数以千计的人外流，到那时就会是数以百万计的人要出走。那时，中国苦力将比比皆是——欧洲、美洲和澳大利亚都有。他们将试图把我们工人的工资和生活水平降到中国人的水平。那时我们欧洲工人的时刻也就会到来。首先是英国人，他们身受这种渗入之害，就会起来**斗争**。我深信这次中日战争能使我们在欧洲的胜利至少加速五年并使它空前顺利，因为这次战争将把一切非资本主义阶级都吸引到我们方面来。对中国人**偏爱**的只有大土地所有者和工厂主。

恩格斯：1894 年 9 月下半月致劳拉·拉法格的信，见《马克思
恩格斯全集》中文第 1 版第 39 卷第 285—286 页

---

①　1894 年中日甲午战争。——编者注

中日战争①意味着古老中国的终结,意味着它的整个经济基础将会发生渐进的、但却是全面的革命,直至大工业和铁路等等使农村中农业和工业的旧有联系瓦解,从而使中国苦力大批流入欧洲。因此对我们来说,这将会加速崩溃并使冲突加剧到危机的地步。这是又一个绝妙的历史讽刺:资本主义生产,只有中国尚待它去征服了,但当它最终征服中国的时候,它却使自己在自己祖国的存在成为不可能了。

> 恩格斯:1894 年 9 月 23 日致卡尔·考茨基的信,见《马克思恩格斯全集》中文第 1 版第 39 卷第 288 页

在中国进行的战争①给古老的中国以致命的打击。闭关自守已经不可能了;即使是为了军事防御的目的,也必须敷设铁路,使用蒸汽机和电力以及创办大工业。这样一来,旧有的小农经济的经济制度(在这种制度下,农户自己也制造自己使用的工业品),以及可以容纳比较稠密的人口的整个陈旧的社会制度也都在逐渐瓦解。千百万人将被迫离乡背井,移居国外;他们甚至会移居到欧洲,而且是大批的。而中国人的竞争一旦规模大起来,就会给你们那里和我们这里②迅速地造成极端尖锐的形势,这样一来,资本主义征服中国的同时也将促进欧洲和美洲资本主义的崩溃。

> 恩格斯:1894 年 11 月 10 日致左尔格的信,见《马克思恩格斯选集》第 3 版第 4 卷第 655 页

---

① 1894 年中日甲午战争。——编者注
② 指美国和英国。——编者注

注　　释

1 这篇文章是马克思于1853年5月31日前后,即在太平军攻占南京后两个月写的。作为社论首次发表于1853年6月14日《纽约每日论坛报》第3794号第4页第4—6栏;重新发表于1853年6月25日《纽约每周论坛报》第615号第2页第1—3栏,未作任何删节。——5。

2 1848年在加利福尼亚、1851年在澳大利亚发现了丰富的金矿,这些发现对欧美各国的经济发展产生了重大影响。——6、15、133、145、152、169。

3 东印度公司是存在于1600—1858年的英国贸易公司,是英国在印度和中国以及亚洲其他国家经营垄断贸易、推行殖民主义掠夺政策的工具。从18世纪中叶起,公司拥有军队和舰队,成为巨大的军事力量。在公司的名义下,英国殖民主义者完成了对印度的占领。该公司长期控制着同印度进行贸易的垄断权和印度最主要的行政权。它的贸易和行政特权由英国议会定期续发的公司特许状规定。由于公司管理中的独断专行、经营不善,加之19世纪初日益强大的英国工业资产阶级迫使印度对外"开放",致使东印度公司的权力和影响日渐削弱。英国资产阶级要求扩大对华贸易,提倡自由贸易。1833年8月23日,英国议会通过了取消东印度公司对华贸易特权的法案,该法案自1834年4月22日开始实施。1853年下院辩论印度法案时的焦点是英国今后在印度的统治形式问题,因为1854年4月30日是东印度公司特许状的截止日期。1857—1859年印度的民族解放起义迫使英国改变殖民统治的形式,于是公司被撤销,印度被宣布为英王的领地。——7、17、51、70、137、156。

4　在马克思和恩格斯以《纽约每日论坛报》驻伦敦通讯员的身份为该报撰写的文章中,"我国"常指美国,"我们"常指美国人。——7、47、49、56、79。

5　1853年1月5日,咸丰帝在太平军已攻克岳州,行将夺取武昌、汉阳的形势下,谕令"该督抚悉心体察被贼地方,分别蠲缓,奏请恩施。其余应征钱粮之处,亦著严查各州县,总期照旧开征,毋得稍有浮勒。"本段引文和正文中马克思的引文均见《大清文宗显皇帝实录》卷七十七第十八页。

这里咸丰帝提到的"督抚",当指湖南、湖北两省的总督和巡抚。马克思文中的"武昌、汉阳南方各省督抚"一语显然不确切。——7。

6　《经济学家》的全称为《经济学家。每周商业时报,银行家的报纸,铁路监控:政治文学总汇报》(The Economist. Weekly Commercial Times, Bankers Gazette, and Railway Monitor: apolitical, literary, and general newspaper),是英国的一家周刊,1843年由詹·威尔逊在伦敦创办,大工业资产阶级的喉舌。——10、75、82、103。

7　鸦片战争以前,中国的对外贸易是由官方特许的垄断组织"公行"在广州进行的。公行的商人叫做"行商"。行商制度在南京条约第五款中被取消。——11、71。

8　这篇文章是马克思1856年10月17日前后写的,作为社论首次发表于1856年11月1日《纽约每日论坛报》第4848号;重新发表于1856年11月22日《纽约每周论坛报》第793号,标题为《欧洲的危机》。——14。

9　那不勒斯问题——法国和英国鉴于意大利的那不勒斯王国政府在国内实行的恐怖政策有可能引起革命运动的爆发,乃于1856年5月照会王国政府,要求它改变国内的政策。在遭到王国政府拒绝之后,法、英两国准备对那不勒斯进行武装干涉。后因两国发生分歧,武装干涉未付诸实施。

多瑙河问题——指在1856年巴黎会议上和会议后,欧洲各国围绕着在土耳其统治下的多瑙河两公国(摩尔达维亚和瓦拉几亚)合并问题展开的外交斗争。当时法国企图通过合并把两公国置于自己统治之下。

比萨拉比亚问题——1856年巴黎会议规定把俄属比萨拉比亚的一

部分划归土耳其。巴黎会议后,俄国、土耳其、奥地利在重新划定它们在比萨拉比亚的边界问题上发生了纠纷,奥地利即以此为借口拒绝从摩尔达维亚和瓦拉几亚两公国撤走自己的军队,从而阻碍了两公国的合并。

新的巴黎会议问题——指 1856 年巴黎会议之后欧洲各强国为调解普鲁士和瑞士关于纽沙特尔公国的争端而预定在 1857 年 3 月在巴黎召开会议。召开会议的建议是法国政府提出的。——15、36。

10 指 1810—1826 年墨西哥以及南美洲的西班牙殖民地争取独立的战争。经过这场战争,这些殖民地都摆脱了西班牙的统治,成为独立的共和国。——16。

11 指意大利民族解放运动领袖马志尼在 1848—1849 年革命失败后,为号召意大利人民起来反抗异族压迫和争取意大利统一而写的许多宣言。——20。

12 这篇文章是马克思 1857 年 1 月 7 日写的。作为社论首次发表于 1857 年 1 月 23 日《纽约每日论坛报》第 4918 号;重新发表于 1857 年 1 月 31 日《纽约每周论坛报》第 803 号,标题为《中国战争》。——21。

13 1856 年 10 月 8 日中国水师在走私船亚罗号划艇上拘捕了 12 名水手。该船船主和水手均为中国人,只是雇用 1 名英国人做船长,并持有一张已过期失效的香港执照。英国驻广州代理领事巴夏礼硬说亚罗号是英国船只,并指控中国水师扯下了该船事实上并未悬挂的英国国旗。香港总督兼英国驻华全权公使包令以亚罗号事件为借口,命令英国海军舰队司令西马縻各厘于 23 日率部进犯广州。第二次鸦片战争即自此始。——21、29、41、52。

14 《泰晤士报》(The Times)是英国最大的一家保守派报纸,1785 年起在伦敦出版。——21、34、39、44、76、86、90、94、97、102、109、156。

15 指 1843 年 10 月 8 日签订的中英《五口通商附粘善后条款》,即通常所说的虎门条约。这个条约是 1842 年南京条约(见注 17)的附约。这里涉及的其中第九款规定:"倘有不法华民,因犯法逃在香港,或潜住英国

官船、货船避匿者,一经英官查出,即应交与华官按法处治;倘华官或探
闻在先,或查出形迹可疑,而英官尚未察出,则华官当为照会英官,以便
访查严拿,若已经罪人供认,或查有证据知其人实系罪犯逃匿者,英官
必即交出,断无异言。"——21、29、119。

16　1840 — 1842 年鸦片战争后,英国人一直要求准许他们进入广州城。
1846 年两广总督耆英答应将广州对外国人开放,但由于当地人民的强
烈反对,此事未付诸实行。1847 年耆英又对英国人许诺两年以后开放
广州。1849 年 4 月英国香港总督兼驻华全权公使文翰向中国当局要求
实现开放广州的诺言。继耆英之后任两广总督的徐广缙和当时的广东
巡抚叶名琛以"民情未洽,众怒难犯"的理由加以拒绝。文翰在广州人
民力量的威慑下,放弃了入城的要求,并自出告示,严禁英国人进入广
州城。——24。

17　指中英双方 1842 年 8 月 29 日签订的南京条约,这个条约又称江宁条
约。它是西方列强强加给中国的一系列不平等条约中的第一个不平等
条约。条约的主要内容有:①中国割让香港;②向英国赔款两千一百万
银元;③开放广州、福州、厦门、宁波、上海等五口对外通商,英国可派驻
领事;④废除"公行"制度,英商可以同中国商人自由进行贸易;⑤中国
抽收进出口货的税率由中英共同议定。南京条约签订后,中国逐渐沦
为一个半殖民地国家。——26、29、58、129。

18　威·沃克是美国的冒险家,他在 19 世纪 50 年代对中美洲各国进行了一
系列冒险远征活动。1855 年,在尼加拉瓜共和国发生内乱,沃克在混战
一方支持下占领了共和国的首都格拉纳达,不久即自封为尼加拉瓜总
统,在那里进行独裁统治,并企图恢复奴隶制。沃克在对洪都拉斯进行
冒险远征时被俘,于 1860 年被枪决。沃克实际上是美国大财阀万德比
尔特和摩尔根夺取尼加拉瓜政权的工具。他们打算通过这个国家的领
土开凿一条把大西洋和太平洋联结起来的运河。——26。

19　《每日新闻》(The Daily News)是英国自由派报纸,工业资产阶级的喉
舌;1846 — 1930 年在伦敦出版。——27。

20　这篇文章是马克思 1857 年 2 月 27 日写的,在他 1857 年的笔记本中,2

月 26 日作的关于本文的记录是:《关于中国的辩论》,同时附有本文开头部分的草稿。草稿与发表在《纽约每日论坛报》上的文本只有一些小的差别,其中较重要的差别在本书脚注中给以说明。此外,马克思的笔记本中本文草稿中断的地方也在脚注中给以说明。

1857 年 3 月 16 日《纽约每日论坛报》第 4962 号发表时用了《议会关于对华军事行动的辩论》这一标题。——28。

21　指《纽约每日论坛报》(New-York Daily Tribune),美国报纸;1841—1924年在纽约出版,19 世纪 40 至 50 年代站在进步的立场上反对奴隶占有制;马克思和恩格斯于 1851 年 8 月至 1862 年 3 月曾为该报撰稿。——29、150。

22　英国侵略者在 1856 年利用亚罗号划艇事件(见注 13)作为发动第二次鸦片战争的口实,从 1856 年 10 月 27 日起,向广州城内开炮轰击。29日,英军攻破外城,一度冲入城内,纵火将靖海门、五仙门附近民房尽行烧毁。后因兵力不足,只得退出。但是炮轰城市、奸淫烧杀的暴行依然继续。——29、36、40、44、64、81、95、120。

23　《中华之友》(The Friend of China)是《大陆上中华之友》(The Overland Friend of China)的简称,英国官方的报纸,1842—1859 年在维多利亚(香港)出版。——30、68。

24　"民意即天意"这句拉丁文谚语出自赫西俄德长诗《劳动和时间》。

"最大多数人的最大利益"或"最大多数人的最大幸福",是英国资产阶级社会学家、功利主义理论家边沁提出的口号。——31。

25　和平协会是贵格会教徒于 1816 年在伦敦建立的资产阶级和平主义组织。协会得到自由贸易派的支持。自由贸易派认为,在和平条件下,英国通过自由贸易可以更充分地利用自己的工业优势,进而取得经济上和政治上的统治。

这里指曼彻斯特和平协会,该协会会长是包令。——31。

26　指 1856—1857 年英国对波斯进行的战争。19 世纪中叶,英国企图征服波斯和阿富汗,以便在中东和亚洲实行进一步的侵略扩张。1856 年 10

月,波斯占领了波阿两国有争议的领土赫拉特。英国以此为借口于11
月对波斯宣战,先后占领了哈尔克岛、布什尔港、穆罕默腊市和阿瓦士
市。由于俄国在外交上对波斯的支持、印度人民起义的爆发以及向中
国调兵进行第二次鸦片战争等,英国不得不在1857年3月4日同波斯
签订和约,英军撤出波斯,波斯撤出赫拉特,放弃对赫拉特的一切要求。
——34、60、117、119。

27 指英国在19世纪50年代出现的第二次选举改革运动。它的目的就是
扩大选举权,最终消灭"腐败的城镇选区",即消灭英国那些18—19世
纪时居民已经稀少或根本无人居住的小市镇和乡村,因为这些市镇和
乡村从中世纪起享有选举代表进入议会的权利。帕麦斯顿反对这一改
革。——34。

28 联合内阁(1852—1855年)即阿伯丁联合内阁,是由一部分辉格党(见
注47)的寡头政治家、皮尔派(见注38)、激进派和爱尔兰议员团的某些
代表组成。这个内阁之所以能够在执政党和托利党(见注48)反对派在
下院席位相等的条件下存在,是因为得到了爱尔兰旅,即在英国议会中
拥有60多人的爱尔兰议员团的支持。有人讽刺地称它为"群贤内阁"。
——34、35。

29 白厅是伦敦的一条大街,英国政府的许多重要部门设在这条街上及其
附近。因此,白厅也是英国政府的代称。这里的白厅首脑即指帕麦斯
顿。——34。

30 这篇文章是马克思1857年3月6日写的,载于1857年3月25日《纽约
每日论坛报》第4970号。——35。

31 四个夜晚的激烈争吵指英国下院在1857年2月26、27日,3月2、3日
进行的关于中国的辩论,辩论结果以263票对247票通过对帕麦斯顿内
阁的不信任案。帕麦斯顿随即解散了议会。——35。

32 指1853—1856年克里木战争。这场战争是俄国与英国、法国、土耳其、
撒丁四国联盟之间为争夺近东而进行的,因主要战场在黑海的克里木
半岛而得名。1853年3月,俄国要求土耳其政府承认俄对奥斯曼帝国

境内的东正教臣民拥有特别保护权,遭拒绝,与土断交,并于7月出兵占领土耳其在多瑙河流域的属地摩尔多瓦和瓦拉几亚两公国。10月,土耳其在英法支持下对俄宣战。1854年1月,英法联军的舰队开进黑海。3月,英法对俄宣战。1855年1月,撒丁王国也参加了战争。1854年9月,英法土联军在克里木半岛登陆,10月起展开了对俄国黑海舰队主要基地塞瓦斯托波尔的长达11个多月的围困,终于将其攻克,决定了俄国的败局。1856年3月,战争双方签订了巴黎和约(见注34)结束了这场战争。——35、49。

33　立法团是波拿巴于1851年12月2日政变后,根据1852年2月14日颁布的宪法建立的,它与参政院、元老院一起构成帝国的立法体制。参政院由皇帝任命,负责准备法案和审查法令修正案。另一个由皇帝任命的元老院批准由立法团通过的法令。立法团的权力仅限于对参政院提交的议案进行讨论和表决。立法团主席和副主席由皇帝任命,成员由选举产生,但选举受到国家官员和警察的监督,以保证当选者中的大多数人都能效忠政府。它实际上成为拿破仑第三的无限权力的一种掩饰。——35、117。

34　指1856年3月30日签订的巴黎和约。法国、英国、奥地利、撒丁、普鲁士和土耳其的代表为一方和俄国代表为另一方在巴黎会议上签订的这一和约,结束了1853—1856年克里木战争(见注32)。条约规定俄国让出多瑙河河口和南比萨拉比亚的部分地区,放弃对多瑙河两公国(摩尔多瓦和瓦拉几亚)的保护权,同意黑海中立,禁止外国军舰通过海峡,俄国和土耳其在黑海不能有海军军械库和舰队。俄国把卡尔斯归还给土耳其,以此换回联军在克里木所占领的塞瓦斯托波尔和其他城市。俄国还必须拆除黑海沿岸要塞,放弃其对奥斯曼帝国境内东正教臣民的保护权,承认多瑙河在国际监督下的通航自由等等。——36。

35　克里木战争(见注32)中1855年6月18日和9月8日英军两次突袭塞瓦斯托波尔工事的第三号棱堡(即所谓凸角堡),均以失败告终;同年11月,土耳其卡尔斯要塞的英国守军向俄军投降。——36。

36　同美国发生的误解指1855年底英国和美国因彼此在中美洲扩充自己

的势力而发生的纠纷。1850年的克莱顿-布尔韦尔条约规定,英美两国有责任保证计划在尼加拉瓜修建的沟通两大洋之间的运河的中立,并且不对尼加拉瓜、莫斯基托海岸以及中美洲的其他地区强加侵占和统治。但是英国继续霸占莫斯基托海岸和在40年代夺得的其他领土。美国因而对1855年5月自封为尼加拉瓜共和国总统的冒险家威·沃克(见注18)给以支持。两国相互指责对方破坏1850年条约,提出抗议并以断绝外交关系相威胁。为了维持两国密切的经济关系,双方相互做出让步,于1856年10月签订解决这场纠纷的协定。协定确立莫斯基托海岸和与之相连的地区的中立。英国放弃对该地区的领土要求,美国对沃克的冒险行动给以事后的谴责。——36。

37　和波拿巴的表面争吵指1856年巴黎和约(见注34)以后英国和法国在一系列国际问题上的矛盾。其中一个主要问题是这一时期法国同俄国有所接近。但矛盾性质并不严重,也未导致任何严重后果。——36。

38　皮尔派是联合在罗·皮尔爵士周围的温和的托利党人,他们支持皮尔在保持大土地贵族和金融贵族政治统治的前提下向工商业资产阶级让步的政策。1846年,皮尔为了工业资产阶级的利益废除了谷物法(见注51),引起了托利党保护关税派的不满,导致了托利党的分裂和皮尔派的孤立。19世纪50年代,皮尔派在议会中是一个没有明确纲领的小型的政治集团。皮尔参加了阿伯丁的联合政府(1852—1855年)。50年代末至60年代初,皮尔派加入了自由党。——36、97。

39　自由贸易派,即曼彻斯特学派,是19世纪上半叶在英国出现的资产阶级政治经济学的一个派别,主要代表人物是曼彻斯特的工厂主理·科布顿和约·布莱特。19世纪20—50年代,曼彻斯特是自由贸易派的宣传中心。该学派提倡自由贸易,要求国家不干涉经济生活,反对贸易保护主义原则,要求减免关税和奖励出口,要求废除有利于土地贵族的、规定高额谷物进口税的谷物法(见注51)。1838年曼彻斯特的自由贸易派建立了反谷物法同盟。40年代和50年代,自由贸易派组成了一个单独的政治集团,后来成为自由党的左翼。——36、75、97。

40　邦迪埃拉兄弟(阿提利奥和埃米利奥)是意大利籍奥地利海军军官,"青

年意大利"的成员,他们于 1844 年 6 月率领一支意大利爱国者队伍在
卡拉布里亚登陆,目的是在意大利举行起义,反对那不勒斯波旁王朝和
奥地利的统治。由于队伍中有人叛变,当局俘虏了远征军的参加者,邦
迪埃拉兄弟和他们的 7 名同伴在 1844 年 7 月遭秘密审判后被处死。当
时任英国内务大臣的詹·格雷厄姆授权邮政主管部门对流亡英国的意
大利革命者的信件实行检查,把信件的内容转告那不勒斯和奥地利政
府。英国的舆论认为,邦迪埃拉兄弟的牺牲与此有关,因为他们同流亡
在英国的马志尼保持着联系。——38。

41　马克思 1857 年 3 月 13 日写的这篇文章,在他 1857 年的笔记本中,标题
为《帕麦斯顿和大选》。1857 年 3 月 31 日《纽约每日论坛报》第 4975 号
发表时用了《英国即将来临的选举》这一标题。——42。

42　"尸首贩子"指英国 19 世纪 20 年代偷掘死尸售与解剖所的人。当时爱
丁堡的尸首贩子威·伯克为了出售死尸,甚至想出了一个把人憋死而
不露任何犯罪痕迹的办法。——42。

43　唐宁街是伦敦与白厅(见注 29)大街相联的一条街,为英国主要政府部
门所在地,其中包括首相和财政大臣的官邸。因此唐宁街也是英国政
府的代称。——43、108。

44　指《笨拙,或伦敦喧声》(Punch, or the London Charivari),英国资产阶级自
由派的幽默周刊,1841 年在伦敦创刊,主编是威·梅·萨克雷。——44。

45　大科夫塔是 18 世纪意大利冒险家卡利奥斯特罗(朱泽培·巴尔萨莫)
凭空臆造出来的一个全知全能的大祭司。——44。

46　蓝皮书是英国议会或政府的以及政府向议会提交的文件或报告书的通
称,因封皮为蓝色而得名。英国从 17 世纪起开始发表蓝皮书,它是研
究英国经济史和外交史的主要的官方资料。——44、85、100、107、111。

47　辉格党是英国的政党,于 17 世纪 70 年代末 80 年代初形成。1679 年,
就詹姆斯公爵(后来的詹姆斯二世)是否有权继承王位的问题,议会展
开了激烈争论。反对詹姆斯王位继承权的一批议员,被敌对的托利党
人讥称为辉格。辉格(Whig)为苏格兰语,原意为盗马贼。辉格党代表

工商业资产阶级以及新兴的资本主义农场主的利益,曾与托利党轮流执政;19 世纪中叶,辉格党内土地贵族的代表和保守党的皮尔派以及自由贸易派一起组成自由党,从此自由党人在英国两党制中取代了辉格党人的位置。——46。

48　托利党是英国的政党,于 17 世纪 70 年代末 80 年代初形成。1679 年,就詹姆斯公爵(后来的詹姆斯二世)是否有权继承王位的问题,议会展开了激烈的争论。拥护詹姆斯继承王位的议员,被敌对的辉格党人讥称为托利。托利(Tory)为爱尔兰语,原意为天主教歹徒。托利党一贯是反动的对内政策的捍卫者,坚决维护国家制度中保守和腐败的体制,反对国内的民主改革,曾与辉格党轮流执政。随着英国资本主义的发展,托利党逐渐失去它先前的政治影响和在议会的垄断权。1832 年议会改革使资产阶级代表人物进入议会。1846 年废除谷物法(见注 51)削弱了英国旧土地贵族的经济基础并造成了托利党的分裂。19 世纪50 年代末 60 年代初,在老托利党的基础上成立了英国保守党。——46、106。

49　1817 年,利物浦领导的托利政府(卡斯尔里任外交大臣,西德默思任内务大臣,帕麦斯顿任掌管军事财政的军务大臣(不在内阁大臣之列))为了制止争取选举改革和反对谷物法(见注 51)的群众性民主运动,实行所谓“禁口律”(Gagging act)。按照此项法律,集会权受到限制,激进派的俱乐部被封闭,出版刊物要缴纳很高的押金,对书报征收印花税,对攻击“所有制原则和家族权利”以及“煽动内战”的出版物要严加惩处。这些规定实际上取消了出版和言论自由。——46。

50　人身保护法是英国议会于 1679 年 5 月 27 日通过的。这项法令规定,未经法院授权,不准逮捕任何人。凡被捕者,均可要求说明其被捕原因,短期内(3—20 天)送交法庭,否则应予以释放。此外,多数被告有权在被起诉前交保释放。人身保护法不适用于叛国罪的案件,而且根据议会的决定可以暂时停止生效。——46。

51　谷物法是英国历届托利党(见注 48)内阁为维护大土地占有者的利益从1815 年起实施的法令,旨在限制或禁止从国外输入谷物。谷物法规定,当英国本国的谷物价格低于每夸特 80 先令时,禁止输入谷物。1822 年对这项法律作了某些修改,1828 年实行了滑动比率:国内市场谷物价格下跌时谷物进口税就提高,反之,英国谷物价格上涨时谷物进口税就降低。谷物法的实行,严重影响了贫民阶层的生活,同时也不利于工业资产阶级,因为它使劳动力涨价,妨碍国内贸易的发展。谷物法导致工业资产阶级和土地贵族之间的斗争。这一斗争是由曼彻斯特的工厂主理·科布顿和约·布莱特于 1838 年创立的反谷物法同盟领导、在自由贸易的口号下进行的。1846 年 6 月英国议会通过了关于废除谷物法的法案。——46、169。

52 指 1819 年 8 月 16 日英国军队对手无寸铁的群众大会参加者实行的血腥镇压。这次争取选举改革和反对谷物法(见注 51)的群众大会是在曼彻斯特附近圣彼得广场举行的。当时的人们仿照滑铁卢会战的叫法,把这一事件叫做彼得卢大惨案。——46。

53 这篇文章是马克思 1857 年 3 月 18 日前后写的。作为社论首次发表于 1857 年 4 月 7 日《纽约每日论坛报》第 4981 号;重新发表于 1857 年 4 月 11 日《纽约每周论坛报》第 813 号,标题为《对华贸易》。——47。

54 原文中订立条约的年代写的是 1787 年。实际上,1787 年中俄并未订立任何条约。叶卡捷琳娜二世在位期间(1762—1796 年),中俄曾在 1768 年对 1728 年恰克图条约的个别条款进行修改;1792 年中俄订立恰克图市约。这里根据史实改为 1768 年。——48。

55 《尼布楚条约》(1689 年)签订以后,历代沙皇政府觊觎中国的黑龙江地区,图谋夺取通往太平洋的出海口。第一次鸦片战争结束后,沙皇俄国成立"黑龙江问题特别委员会",加紧其侵略黑龙江的活动。1849—1855 年,俄国海军上将根·涅韦利斯科伊率领武装人员侵入黑龙江下游,建立侵略据点。随后,在东西伯利亚总督尼·穆拉维约夫-阿穆尔斯基的指挥下,大批俄国侵略军闯入黑龙江地区,对黑龙江中上游北岸和下游两岸地区实行军事占领。——49。

56 这篇文章是马克思 1857 年 3 月 22 日前后写的,作为社论载于 1857 年 4 月 10 日《纽约每日论坛报》第 4984 号。——51。

57　从 19 世纪中叶起,外国侵略者曾在中国东南沿海一带拐骗一批又一批劳动者,强迫他们接受定期的卖身契约,然后运往古巴、秘鲁和英属西印度等地,从事牛马般的强迫劳动。这实际上是一种变相的奴隶贸易;当时,主要的资本主义国家全部参与了这一拐卖华工的罪恶勾当。1845—1875 年间,被卖往海外的"契约华工"总数不下 50 万人。——54。

58　《纽约每日论坛报》编辑部在此处加了这样一段话:"为了同中国保持基督教的和贸易的联系,最好是我们避免参与这一冲突,使中国人不致觉得所有西方国家都暗中串通起来侵害他们。"——55。

59　这篇文章是恩格斯 1857 年 4 月初写的。作为社论首次发表于 1857 年4 月 17 日《纽约每日论坛报》第 4990 号;重新发表于 1857 年 4 月 21 日《纽约半周论坛报》第 1242 号,标题为《中国》。——56。

60　这里原文是 Ching-Kiang-Foo,按拼音应译为靖江府。当时靖江的建制是县,镇江的建制是府。按这里所描述的地理位置和特点此地应该是靖江,按下文所记载的事件则应该是镇江。本篇译文作镇江处理。——57。

61　这里讲的是太平军起义。1851 年太平军建立了"太平天国",起义领袖洪秀全被立为"天王"。1853 年 3 月,太平军攻克南京,即以南京作为天国首都。——59。

62　这篇文章是恩格斯 1857 年 5 月 20 日前后写的。在马克思 1857 年的笔记本中,有这样一条记录:"5 月 22 日,中国与波斯(战争)(为《论坛报》写的文章)"。首次发表于 1857 年 6 月 5 日《纽约每日论坛报》第 5032号;重新发表于 1857 年 6 月 9 日《纽约半周论坛报》第 1256 号。——60。

63　指第二次鸦片战争,参看注 13。——60。

64　1828—1829 年俄土战争是尼古拉一世借口支持信奉基督教的希腊人反对土耳其压迫的民族运动而挑起的。1828 年 4—10 月是战争的第一阶段,1829 年 5—8 月是战争的第二阶段。土耳其军队起初对集中在多瑙河地区(锡利斯特里亚、舒姆拉、瓦尔纳等要塞附近)的俄国军队进行了有力的抗击。1828 年 10 月 11 日,瓦尔纳被俄军攻占。1829 年 5 月 30日,土军在库列夫恰(保加利亚)会战中被击溃。1829 年夏,俄国军队向君士坦丁堡进军,并于 6 月 11 日击败了土耳其军队。1829 年 9 月 14 日,土耳其接受了俄国提出的全部条件,签订了阿德里安堡条约。——60。

65　1806—1812 年俄土战争是拿破仑第一施展外交阴谋致使俄国和土耳其之间矛盾加剧而引起的。除 1807—1809 年战事中断外,几年间交战双方各有胜败。1811 年,战局发生了对俄国有利的变化,1812 年 5 月 28 日,俄土两国签订了布加勒斯特条约。——61。

66　指克里木战争(见注 32)中的几次会战。

　　1853 年 11 月 4 日,土耳其军队渡过多瑙河,占领了俄军在多瑙河左岸的奥尔泰尼察阵地。

　　1854 年 1 月 6 日,在切塔泰村进行了一场血战,俄军以重大伤亡为代价才把土耳其军队赶至卡拉法特。

　　1855 年 9 月 29 日,俄军对被围困的土耳其要塞卡尔斯进行突袭,因兵力准备不足,且对方事先已有准备,突袭失败。

　　1855 年 11 月 6 日,俄军在因古里河一战中,被占优势的土耳其军队赶出了明格列利亚。——62。

67　指 1856 年秋太平天国领导人之间的内讧。这次内讧是起义军领袖之间个人利益和团体利益压倒阶级利益和民族利益的结果。内讧中有三个起义军领袖以及成千上万的起义军士兵被杀害。这对太平天国起义的进一步发展造成了极大的危害。——66。

68　这组文章第一篇是马克思 1858 年 8 月 31 日写的,标题是根据他 1858 年的笔记本中下面这条记录加的:"31 日,星期二。鸦片贸易史"。作为社论首次发表于 1858 年 9 月 20 日《纽约每日论坛报》第 5433 号;第二部分是他 1858 年 9 月 3 日写的,标题是根据他 1858 年的笔记本中下面这条记录加的:"3 日,星期五。鸦片贸易史"。作为社论首次发表于 1858 年 9 月 25 日《纽约每日论坛报》第 5438 号;重新发表于 1858 年 9 月 28 日《纽约半周论坛报》第 1392 号和 1858 年 10 月 2 日《纽约每周论坛报》第 890 号。《纽约半周论坛报》和《纽约每周论坛报》发表时的标题是《英国的鸦片垄断》。——67。

69　《商人杂志》是《商人杂志和商业评论》(The Merchant's Magazine and

Commercial Review)的简称,美国的一家杂志,由弗·汉特创办,1839—1850年用这个名称在纽约出版。——69。

70 1838年10月28日道光帝所下的上谕中有"鸦片烟流毒内地,官民煽惑,传染日深……必欲净绝根株,毋贻远患"等语。马克思所引可能源出于此。——72。

71 莱特即印度农民,在18世纪末19世纪初英国殖民者实行新的土地税收法以前,在英国殖民者没有破坏印度的村社以前,他们是享有充分权利的村社农民。在从1793年起实行所谓柴明达尔制度的地区(最初在孟加拉、比哈尔、奥里萨实行,后来稍微改变了形式,在联合省和中央省以及马德拉斯省部分地区实行)莱特成了柴明达尔(地主)的佃农。在19世纪初孟买和马德拉斯两管区实行"莱特瓦尔"土地税收制后,莱特成为国有土地的持有者,并按印度英政府随意规定的数额缴纳地租税。根据"莱特瓦尔"制度,莱特同时被宣布为他们所租佃的土地的所有者。由于实行这种在法律上自相矛盾的土地税收制,为农民规定了高得无力缴纳的地租,致使农民欠税日增,其土地逐渐转到包买商和高利贷者手里。——73。

72 这篇文章是马克思1858年9月10日写的。在他1858年的笔记本中,关于这篇文章有这样一条记录:"10日,星期五。中国"。作为社论载于1858年10月5日《纽约每日论坛报》第5446号。——75。

73 大陆体系或大陆封锁是法国皇帝拿破仑第一在拿破仑战争期间为反对英国而采取的一项重要的经济政治措施。1805年法国舰队被英国舰队消灭后,拿破仑于1806年11月21日颁布了《柏林敕令》,禁止欧洲大陆各国同英国进行贸易。参加大陆体系的有西班牙、那不勒斯、荷兰、普鲁士、丹麦和奥地利。根据1807年的蒂尔西特条约的秘密条款,俄国加入了大陆体系。1812年拿破仑在俄国遭到失败后,所谓的大陆体系便瓦解了。——77、130。

74 古代北非奴隶制国家迦太基的居民除从事农业外还经营海外贸易,而罗马帝国则通过征服别国来掠夺和积累财富。这里所说的"迦太基式的和罗马式的方法",是指贸易的和征服的方法。——80。

75　这篇文章是马克思 1858 年 9 月 28 日写的,首次发表于 1858 年 10 月 15
日《纽约每日论坛报》第 5455 号;重新发表于 1858 年 10 月 19 日《纽约
半周论坛报》第 1398 号。

　　关于这篇文章,马克思 1858 年 12 月 17 日给恩格斯写信说,《论
坛报》一连几个月把他关于中国的全部文章作为社论发表出来,他对
此感到满意。不过他紧接着说:"但是最后当中英条约的**正式**条文公
布的时候,我写了一篇文章,其中谈到,中国人'现在将使鸦片输入合
法化而且还对鸦片征收进口税,最后大概还要允许在中国本国种植鸦
片',因此,'第二次鸦片战争'迟早会给英国的鸦片贸易,特别是印度
国库以致命的打击。好!德纳先生把这篇文章作为伦敦的一个'临时
通讯员'写的东西刊登出来,而自己写了一篇胡说八道的社论,来**反驳**
他的'临时'通讯员。"(见《马克思恩格斯全集》中文第 1 版第 29 卷第
363 页)

　　这篇与马克思的文章同一论题的社论中有几句话是这样说的:"无
论如何,我们以为,我们的通讯员预言的结果——中国开放口岸,将使
鸦片输入合法化,而且还要使在中国本国种植鸦片合法化——是不大
可能出现的,至少是不会很快就出现的。"

　　在上面提到的信中,马克思接着说道,"我以'临时通讯员'的身份"
又给《**论坛报**》写了一篇文章,"对我的'指正者'稍加嘲笑,语气自然是
克制的"。此文《纽约每日论坛报》未刊载。——81。

76　继天津条约之后,中国和英国于 1858 年 11 月 8 日在上海签订了通商章
程善后条约。该条约第五款规定:"向来洋药、铜钱、米谷、豆石、硝磺、
白铅等物,例皆不准通商,现定稍宽其禁,听商遵行纳税贸易。"洋药即
鸦片。——82、150。

77　此专条在中英天津条约中文本中为:"前因粤城大宪办理不善,致英民
受损,大英君主只得动兵取偿,保其将来守约勿失。商亏银二百万两,
军需经费银二百万两二项,大清皇帝皆允由粤省督、抚设措,至应如何
分期办法,与大英秉权大员酌定行办。以上款项付清,方将粤城仍交回
大清国管属。"——83。

78　《晨星报》(The Morning Star)是英国的一家日报,自由贸易派的机关报,

1856—1869年在伦敦出版。报纸还出版定期晚刊《晚星报》(The Evening Star)。——84、96。

79 中英天津条约第十一款规定："广州、福州、厦门、宁波、上海五处，已有江宁条约旧准通商外，即在牛庄、登州、台湾、潮州、琼州等府城口，嗣后皆准英商亦可任意与无论何人买卖，船货随时往来。"——85。

80 《每日电讯》(The Daily Telegraph)是英国的一家日报，1855—1937年在伦敦出版；起初为资产阶级自由派报纸，后来从19世纪80年代起是保守派报纸；1937年同《晨邮报》(Morning Post)合并以后改名为《每日电讯和晨邮报》(Daily Telegraph and Morning Post)。——86、94、106。

81 指俄国乘第二次鸦片战争之机胁迫中国于1858年5月28日签订的中俄瑷珲条约。下文所述俄国取得大片中国领土以及黑龙江航行权，均以该条约为据。在陆上边界自由贸易则属1851年8月6日签订的中俄伊犁塔尔巴哈台通商章程的内容。——86。

82 这篇文章是恩格斯1858年10月25日写的。作为社论首次发表于1858年11月18日《纽约每日论坛报》第5484号；重新发表于1858年11月26日《纽约半周论坛报》第1409号，标题为《俄国在中国》。——87。

83 赫拉克利亚半岛即克里木半岛南端自因克尔曼到巴拉克拉瓦以西的那部分土地，是克里木战争(1853—1856年)的重要战场之一，塞瓦斯托波尔就在这个小半岛上。文中所说俄国丧失了一小块领土，是指按照1856年的巴黎和约，俄国被迫放弃了比萨拉比亚南部的一部分地区。——87。

84 1853年1月9日沙皇尼古拉一世在同英国驻彼得堡公使乔·西摩尔会晤时曾称土耳其为"病夫"。尼古拉一世曾建议俄英瓜分土耳其帝国，但是英国不愿加强俄国的势力并希望保持奥斯曼帝国的弱小地位，因而拒绝了这一建议。——87。

85 这里是指1858年6月清政府在第二次鸦片战争中签订的四个不平等条约，即中俄天津条约(13日)，中美天津条约(18日)，中英天津条约(26日)及中法天津条约(27日)。——88。

86 这组文章是马克思分别于 1859 年 9 月 13、16、20 和 30 日写的。首次发表于 1859 年 9 月 27 日、10 月 1、10 和 18 日《纽约每日论坛报》第 5750、5754、5761 和 5768 号;重新发表于 1859 年 9 月 27 日和 10 月 4 日《纽约半周论坛报》第 1496 和 1498 号、1859 年 10 月 1 日《纽约每周论坛报》第 942 号。《纽约每日论坛报》刊登了全部四部分,而《纽约半周论坛报》只刊登了前两部分,《纽约每周论坛报》只刊登了第一部分。——93。

87 中国古代政府机关用来通报朝政的官方文书抄本,原称"邸抄",清代称"京报"。——94。

88 英国的国徽是狮子。"跨上不列颠狮子"是指打着国家利益和民族利益的幌子为武装侵华张目。——94。

89 当时广州为英法联军所占领,这里指中国向英法提出的交还广州的要求。——95。

90 英国在镇压了 1857—1859 年印度起义以后,面临着如何在印度巩固和加强被大大动摇了的殖民统治的难题。——96。

91 《通报》是法国日报《总汇通报》(Le Moniteur universel)的简称,1789—1901 年在巴黎出版。1811 年 1 月 1 日起用这个名称出版,最初用《国民报,或总汇通报》(Gazette nationale, Ou Le Moniteur universel)的名称出版,1799—1814、1816—1868 年是政府的官方报纸,1848 年 2 月 26 日起加副标题《法兰西共和国官方报纸》。1870—1871 年巴黎被围困期间,报纸在巴黎和图尔两地同时出版,后在波尔多出版,是甘必大领导的国防政府代表团的正式机关报。——97、105。

92 指 1838—1842 年英国为了对阿富汗进行殖民奴役而发动的第一次英阿战争。1839 年 8 月英军占领了喀布尔,由于 1841 年 11 月喀布尔爆发起义,英军被迫于 1842 年 1 月开始退却,最后英军完全被击溃。——100、119。

93 亚·伯恩斯于 1836—1841 年在喀布尔供职;喀布尔暴动发生于 1841 年 11 月;帕麦斯顿 1835—1841 年任英国外交大臣。詹·伯恩斯就亚·伯恩斯爵士公务信札被篡改一事所作的声明载于 1858 年 2 月 3 日《自由新闻》第 5 期。——100。

94 在对华侵略的做法上,以德比为首的托利党内阁(1858 年 2 月——1859 年 6 月)与在它之前以及之后的两届帕麦斯顿内阁有所不同。1858 年 詹·额尔金攻陷大沽口,1859 年 6 月弗·普鲁斯以驻华全权公使身份 来华,都是以德比为首的托利党内阁执政期间发生的事,而且惨败于大 沽口的普鲁斯来华系由德比内阁所派。据马克思判断,额尔金和普鲁 斯在华的所作所为乃是根据帕麦斯顿的指示,但是责任却要落到德比 内阁头上。本文第四部分(见本书第 106——110 页)主要讲的就是这件 事。——106。

95 指印度事务督察委员会主席罗·埃伦伯勒勋爵和印度总督查·坎宁勋爵 之间的冲突。主张对印度封建上层采取灵活政策的埃伦伯勒在 1858 年 4 月 19 日的紧急报告中,激烈地抨击了坎宁关于没收曾参加民族解放起义 的奥德封建主土地的通告。但是埃伦伯勒的紧急报告并没有得到英国统 治集团的赞同,因此他不得不于 1858 年 5 月辞去督察委员会主席的职 务。德比内阁力图以埃伦伯勒辞职为代价来保住政权。——109。

96 1859 年 4 月,法国对意大利的撒丁王国和奥地利开战,英国外交大臣 詹·马姆兹伯里曾力图阻止这场战争的爆发。——109。

97 这篇文章发表时没有署名。文章的开头所概括的结论,是马克思早在 1858 年仔细分析了 1836 年以来的英中贸易动向后就已提出的。相关 的表述出现在马克思 1858 年 9 月写的《英中条约》(见本书第 75——80 页)和《中国和英国的条约》(见本书第 81——86 页)两篇文章以及马克 思 1858 年 10 月 8 日给恩格斯的信中。

这篇文章可能写于 1859 年 11 月 18 日。文章作为邮件可能随"欧 罗巴"号轮船于 11 月 19 日从利物浦寄出,于 11 月 30 日到达哈里法克 斯,首次发表在 1858 年 12 月 3 日《纽约每日论坛报》第 5808 号上。 ——111。

98 马克思 1860 年 1 月 25 日写信给恩格斯,请他帮忙给《纽约每日论坛 报》写篇文章。次日恩格斯回信说,他没有什么材料可写,"不过,你在 议会辩论中一定能为自己找到足够的材料"。

　　恩格斯在这里指的是1860年1月24日英国议会关于回奏书的辩论。按照恩格斯的建议,马克思于1月27日撰写了本文。他在文章的一开头就强调指出,"在议会关于回奏书的辩论中,最引人注意的问题是:第三次对华战争、对法商约和意大利形势的复杂化"。从这句话中可以得出结论,马克思开始时打算就回奏书的辩论写若干篇文章。因此,马克思接着在《法英之间的新条约》(见《马克思恩格斯全集》中文第2版第19卷)一文中,也顺理成章地分析了英法之间的贸易和政治关系。

　　在写作过程中,马克思不仅依据了《泰晤士报》有关议会辩论的报道,而且还参考了1月28日《经济学家》杂志发表的统计资料。

　　同时,由于本文和《法英之间的新条约》涉及同一主题,并且是在《纽约每日论坛报》同一号上紧挨着发表的,所以,并不排除两篇文章原本是完整的一篇,它被报纸编辑部分割为两篇通讯,注明不同的通讯日期。这两篇文章作为邮件可能随"加拿大"号邮轮于1860年1月28日寄出,于2月10日抵达哈利法克斯,首次发表在1860年2月14日《纽约每日论坛报》第5868号上。——116。

99　英国议会开幕时,由国王致开幕词。事后,议会照例要向国王进呈一道回奏书作答。国王的开幕词和议会的回奏书,内容均涉及施政纲领的基本问题。回奏书在进呈国王之前要经议会讨论通过。——116。

100　第三次对华战争指1859年6月英法舰队在白河受创(见注102)和后来在1860年英法两国以白河事件为由再次组织联军入侵中国。英法两国这次侵华,攻占了天津和北京,焚毁了圆明园,最后强迫清政府同两国分别签订了北京条约,从而结束了第二次鸦片战争。马克思撰写本文时,英国正在为这次入侵进行准备。马克思还把这次正在准备中的新的侵略行动称做第三次对华战争或第三次英中战争。同时把第二次鸦片战争从1856年10月亚罗号事件至1858年6月签订天津条约这一阶段称做第二次对华战争或第二次鸦片战争,把1840—1842年鸦片战争称做第一次对华战争。——116。

101　对法商约(对法条约)即英法商约,是英国和法国在1860年1月23日签订的。该条约规定两国互享最惠国待遇,减免对方重要商品的关税。

条约得到两国自由贸易派的拥护,并符合英国工业资产阶级的利益。
——116。

102 指1859年6月英法侵略军在大沽之战中遭受的失败。6月24日,英法
舰队到白河(即海河)河口企图进攻大沽炮台,被中国守军击败(参看本
书第93—110页)。——116。

103 唐·佩德罗是葡萄牙王室成员,1822—1831年为巴西皇帝,称佩德罗一
世。1826年其父若奥六世逝世,他继承了葡萄牙王位,称佩德罗四世,
但随即将王位让给了自己七岁的女儿玛丽亚·达·格洛丽亚(即位后
称玛丽亚二世),并任用自己的弟弟唐·米格尔为摄政。1828年唐·米
格尔篡夺了王位。1831年唐·佩德罗放弃巴西皇位,回到欧洲为其女
夺回葡萄牙王位进行斗争。1834年唐·米格尔被迫退位,玛丽亚二世
复为葡萄牙女王。马克思文中所说斐迪南七世企图援助唐·米格尔,
玛丽亚向英国求援以及坎宁为介入葡萄牙王室斗争而向议会下达咨文
等情况,历史资料不详。但英国政府确曾参与葡萄牙的王位之争,并支
持唐·佩德罗和玛丽亚二世。——118。

104 1831年在葡萄牙的战争指英国政府干涉葡萄牙内战(1828—1834年)
的行动。葡萄牙内战是在以1828年夺得葡萄牙王位的唐·米格尔为
首的专制派(封建教权派)和聚集在玛丽亚·达·格洛丽亚女王及其父
亲唐·佩德罗周围的立宪派(资产阶级自由派)之间进行的。英国政府
为巩固自己在比利牛斯半岛上的影响和摧毁专制派所支持的奥地利在
这一地区的阵地,干涉这次内战,于1831年把舰队派往葡萄牙海岸,封
锁了塔霍河和杜罗河的河口,因而促成了立宪派的胜利。——119。

105 1850年在希腊的战争指1850年6月英国议会对与"帕西菲科事件"有
关的英希冲突采取的行动。1847年帕西菲科在雅典的住宅被烧毁,英
国政府以此为借口,把舰队派往希腊并向希腊政府提出最后通牒。英
国的真实目的是想夺取爱琴海中希腊的几个战略要地。——119。

106 时效是法律确认的某种权利得以行使的期限。超过法定期限而不行使
的,权利即归消灭。这里显然是指帕麦斯顿长期惯于采取的僭越行动
由不合法变为合法。——119。

107　指 1858 年 6 月 13 日签订的中俄天津条约。该条约并未明确提及白河，
条约第二条规定："遇有要事，俄国使臣或由恰克图进京故道，或由就近
海口，预日行文，以便进京商办。"——119。

108　指代表大奴隶主贵族利益的罗马统帅鲁·科·苏拉为争夺古罗马政权
反对平民派（奴隶主民主派集团）的斗争。斗争的结果是于公元前 82
年建立了苏拉的独裁。这里讽喻拿破仑第三。——121。

109　这篇文章是马克思 1862 年 6 月 17 日—7 月初写的，载于 1862 年 7 月 7
日维也纳《新闻报》第 185 号。——122。

110　1848—1849 年革命失败后，欧洲出现了一个政治反动时期。当时欧洲
的贵族和资产阶级热衷于唯灵论，特别是桌子跳舞的降神术，而中国，
爆发了太平天国革命运动。——122、154。

111　夏福礼此信写于 1862 年 3 月 20 日，曾发表在 1862 年 6 月 17 日的《泰
晤士报》上。信中对太平军的描述和议论，带有明显的殖民主义偏见。
——122。

112　《观察家》(The Examiner) 是英国自由派周报，1808—1881 年在伦敦出
版。——137。

113　1851—1864 年中国爆发了反对清朝腐败统治和外国资本主义侵略的全
国规模的农民起义。起义者建号太平天国，因此，这次起义也被称作太
平天国运动。太平天国颁布了《天朝田亩制度》，建立乡官、圣库制度；
反对孔孟思想，对外坚持独立自主、反对外来侵略的政策，否认不平等
条约。整个起义席卷了全国 18 个省，动摇了清王朝的反动统治，沉重
打击了外国的侵略势力。——139。

114　东方战争即克里木战争，是 1853—1856 年俄国对英国、法国、土耳其和
撒丁的联盟进行的战争。这场战争是由于这些国家在近东的经济和政
治利益发生冲突而引起的，故称东方战争。克里木战争中俄国的惨败
重挫了沙皇俄国独占黑海海峡和巴尔干半岛的野心，同时加剧了俄国
国内封建制度的危机。这场战争以签订巴黎和约而告结束。——140。

115　阿拉伯人大举侵入亚洲和非洲的时期,指 7 世纪阿拉伯人征服美索不达米亚、波斯、叙利亚、巴勒斯坦、埃及等国并建立阿拉伯伊斯兰教国的时期。——144。

116　《罗吉尔·培根修道士论艺术和自然界的秘密以及论魔法的荒诞的信》这一著作的写作时间以及作者的出生年代至今还没有准确的资料。在 19 世纪的军事学术史方面的文献中,一般都认为它的写作年代是 1216 年。恩格斯这里也沿用这一说法。但据后来的考证,该著作写于 13 世纪 40 年代,第 1 版于 1524 年在巴黎问世。——144。

117　1118 年萨拉戈萨围攻战指阿腊贡国王阿尔丰斯一世的军队收复自 712 年以来被伊斯兰教徒侵占的萨拉戈萨城(阿腊贡)的战争。收复萨拉戈萨是收复失地行动即收复 8 世纪初阿拉伯人侵入时期被阿拉伯人和非洲柏柏尔人("摩尔人")所侵占的比利牛斯半岛领土的一个阶段。在 8—9 世纪就已开始的收复失地运动中,西班牙的卡斯蒂利亚和阿拉贡两国以及葡萄牙起了主要作用。12 世纪下半叶,由于阿尔摩哈德派教徒侵入比利牛斯半岛,收复行动曾一度停止。阿尔摩哈德派是伊斯兰教的一个教派,它联合了周围山地的柏柏尔部落,并且在第一个伊玛目-哈利发阿卜杜尔-穆明时期曾统治阿尔及利亚、突尼斯、摩洛哥和西班牙南部伊斯兰教地区。13 世纪初,卡斯蒂利亚和阿腊贡在其他国家的十字军的支援下,击溃了阿尔摩哈德派并恢复了收复行动。1236 年,卡斯蒂利亚人收复了科尔多瓦——以前的哥多瓦伊斯兰教王国(于 1031 年崩溃)的首都,13 世纪末,伊斯兰教的统治地区只限于南部的格拉纳达伊斯兰教国。西班牙人继续同这个伊斯兰教国进行斗争,1492 年终于占领了这个国家。恩格斯在下面提到的是收复行动历史中的一系列事件。——144。

118　普鲁士的德意志骑士即条顿骑士团的骑士。条顿骑士团是 1190 年十字军征讨时期建立的僧侣骑士团。13 世纪时骑士团用征服和残杀东普鲁士的立陶宛居民的办法占领了东普鲁士,使之成为继续侵占波兰、立陶宛和俄罗斯各公国的堡垒。1237 年,条顿骑士团和另一个德国骑士团(即立风骑士团,它也是在波罗的海沿岸建立的)合并。1242 年楚德湖之战(冰上激战)和 1410 年格吕沃尔德之战失败以后,骑士团开始衰

败,于 1466 年臣服波兰。1525 年骑士团波罗的海沿岸的领地变为世俗
的普鲁士公国。——145。

119　指 1727 年 10 月 21 日中俄签订的关于贸易和边界的恰克图条约。由于
　　　恰克图条约的签订,中俄贸易,主要是以货易货的贸易大大扩大了。
　　　——150。

120　马克思使用的这些资料是从下述著作转引来的:杜罗·德拉马尔《罗马
　　　人的政治经济学》1840 年巴黎版第 1 版第 54 页及以下几页;古·居利
　　　希《关于当代主要商业国家的商业、工业和农业的历史叙述》1845 年耶
　　　拿版第 5 卷第 112 页。——150。

121　指 1861 年英国贸易部的报告,报告作为附录载于 1862 年 3 月 1 日《经
　　　济学家》杂志第 20 卷第 966 期,题为:《关于 1861 年一年内(到 12 月 31
　　　日止)贸易和通航的报告》。马克思引用的是《英国和爱尔兰农业和工
　　　业的商品出口》一节中的数字。——151。

122　委托销售(consignatio)是在国外代销商品的一种形式。由出口商(托售
　　　人)把商品运往外国商行(代销人)的货栈,委托后者依双方签署的书面
　　　协议中的条件代为出售。——152、163、166。

123　关于王茂荫改革币制的主张以及他 1853 年和 1854 年(咸丰三年和四
　　　年)两次向皇帝呈上奏折的情况,详见郭沫若 1936 年 10 月写的《〈资本
　　　论〉中的王茂荫》(载于《沫若文集》第 11 卷 1958 年人民文学出版社版
　　　第 28—34 页)和吴晗 1937 年 3 月写的《王茂荫与咸丰时代的币制改
　　　革》(载于《吴晗史学论著选集》第 2 卷 1986 年人民出版社版第 184—
　　　210 页)。——154。

124　俄国政府 1861 年才向北京委派公使。在此以前,即从 1715 年起,“俄罗
　　　斯正教驻北京传道团”(又称传教士团,布道团)实际上起着官方代表的
　　　作用。这里的“公使馆”应为“传道团”。
　　　　　这里关于中国的著作是指传道团编的文集《帝俄驻北京布道团人
　　　员论著集刊》第 3 卷。该《集刊》由俄文译成德文时书名为《帝俄驻北京
　　　公使馆关于中国及其人民、宗教、制度和社会关系的著述》。——154。

125　这里的材料引自恩格斯 1867 年 1 月 29 日写给马克思的信。——156。

126　尼德兰脱离西班牙是尼德兰资产阶级革命(1566—1609 年)的结果。尼德兰的革命是世界历史上第一次取得胜利的资产阶级革命。16 世纪中叶,尼德兰城乡资本主义有了相当发展,但受到其宗主国西班牙专制主义及其支柱天主教会的严重阻碍,阶级矛盾和民族矛盾日益尖锐。1566 年爆发了矛头直指天主教会的圣像破坏运动。1567 年春,运动遭镇压。1572 年北方各省举行大规模起义,并推举奥伦治的威廉为北方各省执政。南方革命形势也日益高涨,1576 年布鲁塞尔起义推翻了西班牙在尼德兰的统治。西南几省的贵族慑于革命不断深入,于 1579 年 1 月 6 日结成阿拉斯同盟,与西班牙当局妥协。同年 1 月 23 日,信奉新教的北方七省成立乌得勒支同盟,为建立联省共和国奠定了基础。1581 年由北方各省组成的三级会议宣布脱离西班牙而独立,正式成立资产阶级联省共和国。由于荷兰省的经济和政治地位最重要,亦称荷兰共和国。

　　1609 年,西班牙被迫与荷兰签订十二年停战协定,事实上承认了荷兰的独立。——156。

127　反雅各宾战争是 1792—1815 年英国、普鲁士、奥地利和俄国等参加的欧洲国家同盟为反对资产阶级革命时期的法兰西共和国和拿破仑法国而进行的长达 23 年的战争,也称二十三年战争。英国于 1793 年初加入反法同盟的联军,公开参战。战争期间,为对付劳动群众,英国政府在国内建立了残酷的恐怖制度,镇压了多起人民起义,并颁布了禁止工人结社的法令。资产阶级在这一时期要求把工作日从 10 小时延长到 12、14 和 18 小时。——156。

128　这是马克思在《资本论》第 2 卷的第 II 稿中论证商品运输的距离和方式对商品价值的影响时所写的一节。——157。

129　19 世纪上半叶,俄国由于在西伯利亚许多地区发现了丰富的砂金矿,它的黄金开采量在世界黄金开采总量中占的比重不断上升,到 1841—1850 年期间已达 40%。加利福尼亚和澳大利亚的金矿,见注 2。——164。

130　指《银行法特别委员会的报告》。纽马奇的这段话是从该报告摘引的。——165。

131　指由于 1842 年签订南京条约、1844 年签订中美和中法协定,而为英国、美国、法国消除了实行贸易扩张的障碍。——167。

132　恩格斯在 1886 年 8 月 14 日写给伯恩施坦的信中,曾谈到俄国准备在离普鲁士边境不远的维尔诺附近举行大规模军事演习的消息。他当时认为俄国的这一行动有引起俄德战争的危险。——169。

人 名 索 引

A

阿伯丁伯爵,乔治·汉密尔顿·戈登(Aberdeen, George Hamilton Gordon, Earl of 1784—1860)——英国国务活动家,托利党人,1850 年起为皮尔派领袖,曾任外交大臣(1828—1830 和 1841—1846)、陆军和殖民大臣(1834—1835)和联合内阁首相(1852—1855)。——40—41、98。

阿卜杜尔·穆明(Abdel Mumen 1094—1163)——非洲西北部和西班牙南部阿尔摩哈德王朝伊斯兰教国家第一个哈利发(1130—1163)。——144。

阿古柏(1825 左右—1877)——原为中亚浩罕国官员,后非法进入我国新疆喀什地区,1867 年在南疆建立了所谓"哲德沙尔"汗国,自称为汗,受到英、俄殖民主义者的支持;1877 年,在维吾尔族人民反抗和清军打击下,兵败身亡。——166。

阿礼国,拉瑟福德爵士(Alcock, Sir Rutherford 1809—1897)——英国外交官,1844 年起历任驻厦门、福州、上海、广州等埠领事,1859—1865 年为驻日公使,1865—1871 年为驻华公使。——9。

阿列克谢·米哈伊洛维奇(亚历克西斯)(Алексей Михайлович［Алексис］1629—1676)——俄国沙皇(1645—1676)。——86。

埃利安努斯(Aelianus 2 世纪)——希腊军事著作家。——143。

埃伦伯勒伯爵,爱德华·罗(Ellenborough, Edward Law, Earl of 1790—1871)——英国国务活动家,托利党人,议会议员;曾任印度总督(1842—1844),海军首席大臣(1846),印度事务督察委员会主席(1858);爱·罗·

埃伦伯勒男爵的儿子。——109、142。

爱德华三世(Edward III 1312—1377)——英国国王(1327—1377)。——148。

安斯蒂,托马斯·奇泽姆(Anstey, Thomas Chisholm 1816—1873)——英国法学家和政治活动家,资产阶级激进主义者,议会议员(1847—1852);曾任香港首席检察官(1854—1859)。——96。

奥克兰伯爵,乔治·伊登(Auckland, George Iden, Earl of 1784—1849)——英国国务活动家,辉格党人,曾多次担任内阁大臣,1836—1842 年任印度总督。——101。

B

巴富尔,乔治爵士(Balfour, Sir George 1809—1894)——英国外交官和军官;第一次鸦片战争中任参谋,南京条约签订后,代表英国政府接受中国支付的赔款;1843—1846 年任驻上海领事。——69。

巴夏礼,斯密斯(Parkes, Harry Smith 1828—1885)——英国外交官;第一次鸦片战争时期任璞鼎查的秘书兼翻译,曾参加攻占镇江的战役;1856 年任驻广州领事,制造亚罗号事件,挑起第二次鸦片战争(1856—1858);英军窃据广州后为驻广州的三个欧洲监察员之一(1858—1859);1860 年随额尔金北上,随同英法联军侵入北京,焚毁圆明园;曾任驻上海领事(1863—1865)、驻日公使(1865—1883)和驻华公使兼驻朝鲜公使(1883—1885)。——22—24、30、45、53、83。

白金汉公爵,亨利·斯塔福德(Buckingham, Henry Stafford, Duke of 1454 左右—1483)——英国封建主;曾助理查三世登上王位,后叛变被处死。——42。

邦迪埃拉兄弟,阿蒂利奥(1810—1844)和埃米利奥(1819—1844)(Bandiera, Attilio ed Emilio)——意大利民族解放运动活动家,"青年意大利"社成员,奥地利舰队的军官;因企图在卡拉布里亚发动起义而被处死(1844)。——38。

包令,约翰爵士(Bowring, Sir John 1792—1872)——英国政治活动家、外交官、语言学家和文学家,边沁的信徒,自由贸易派,高级殖民官员,议会议员;1847—1852 年任驻广州领事,1854—1857 年继文翰任香港总督兼驻华公使和中国商务监督,1856 年 10 月借口亚罗号事件挑起第二次鸦片战争,不久其职务由额尔金接替。——23、30—34、39—41、45、53。

贝瑟尔,理查·韦斯特伯里男爵(Bethell, Richard, Baron Westbury 1800 — 1873)——英国法学家和国务活动家,自由党人;曾任副检察长(1852 — 1856),首席检察官(1856 — 1858、1860 — 1861),大法官(1861 — 1865)。——38。

倍倍尔,奥古斯特(Bebel, August 1840—1913)——德国工人运动和国际工人运动的活动家,职业是旋工;德国工人协会联合会创始人之一,1867 年起为主席;第一国际会员,1867 年起为国会议员,1869 年是德国社会民主党创始人和领袖之一,《社会民主党人报》创办人之一;曾进行反对拉萨尔派的斗争,普法战争时期站在无产阶级国际主义立场,捍卫巴黎公社;1889、1891 和 1893 年国际社会主义工人代表大会代表;第二国际的活动家,在 19 世纪 90 年代和 20 世纪初反对改良主义和修正主义;马克思和恩格斯的朋友和战友。——169。

边沁,耶利米(Bentham, Jeremy 1748 — 1832)——英国社会学家、哲学家和经济学家,功利主义理论的主要代表,主张效用原则是社会生活的基础。——30。

波拿巴,路易——见拿破仑第三。

伯恩斯,亚历山大(Burnes, Alexander 1805 — 1841)——英国军官,英国在中亚进行殖民扩张的策划者之一;1836 — 1838 年在喀布尔执行特殊使命,1839 — 1841 年任喀布尔英军司令部顾问,1841 年喀布尔发生起义时被杀。——100 — 101。

伯恩斯,詹姆斯(Burnes, James 1801 — 1862)——英国医生,亚·伯恩斯之兄。——100。

布尔布隆,阿尔丰斯·德(Bourboulon, Alphonse de 生于 1809 年)——法国外交官;1851 年、1852 — 1857 年、1859 — 1862 年三度任驻华公使,1853 年曾访问太平天国的国都天京(南京),试探太平军的对外政策。——93 — 94、103。

布尔沃,爱德华·乔治,利顿男爵(Bulwer, Edward George, Baron Lytton 1803—1873)——英国作家和政治家,初为辉格党人,1852年起为托利党人;议会议员;曾任殖民大臣(1858—1859)。——28、38。

布尔沃,威廉·亨利·利顿·厄尔(Bulwer, William Henry Lytton Earle 1801—1872)——英国外交家,议会议员(1830—1837),辉格党人;1839年和1840年任英国驻巴黎代办,驻华盛顿大使(1849—1852)、驻佛罗伦萨大使(1852—1855)、驻君士坦丁堡大使(1858—1865)、驻马德里公使(1843—1848)。——98。

D

道光帝(1782—1850)——即爱新觉罗·旻宁,清朝皇帝,1820—1850年在位。——6、57、83。

德比伯爵——见斯坦利,爱德华·乔治·杰弗里·斯密斯,德比伯爵。

德纳,查理·安德森(Dana, Charles Anderson 1819—1897)——美国新闻工作者,废奴主义者;40—60年代为《纽约每日论坛报》和《美国新百科全书》编辑,1868年起为《太阳报》主编。——150。

迪斯累里,本杰明·比肯斯菲尔德伯爵(Disraeli, Benjamin, Earl of Beaconsfield 1804—1881)——英国政治活动家和著作家,40年代参加"青年英国",托利党领袖,19世纪下半叶为保守党领袖;曾任财政大臣(1852、1858—1859、1866—1868)、内阁首相(1868、1874—1880)。——37—39、106—107。

多斯特-穆罕默德汗(Dost-Muhamad 1793—1863)——阿富汗埃米尔(1826—1839和1842—1863)。——100—101。

E

额尔金伯爵,詹姆斯·普鲁斯(Elgin, James Bruce, Earl of 1811—1863)——亦称金卡丁伯爵。英国外交官;第二次鸦片战争期间两度任英国侵华军特命全权代表(1857—1858和1860—1861),与法国侵华军全权代表葛罗率英法联军侵略中国,强迫清政府签订中英天津条约和中英北京条约,印度总督(1862—1863)。——90、96、104、106—109、111—112、114、147—148。

F

范德林特,杰科布(Vanderlint,Jacob 死于 1740 年)——英国经济学家,重农学派的先驱,货币数量论的早期代表。——155。

范斯特劳本齐,查理·托马斯(Van Straubenzee, Charles Thomas 1812—1892)——英国将军;1855—1856 年在克里木战争中任英军一个旅的指挥官;1857—1858 年在第二次鸦片战争中任侵华英军指挥官。——83。

菲茨杰拉德,约翰·戴维(Fitzgerald,John David 1816—1889)——爱尔兰法学家和政治活动家,自由党人,议会议员;屡任英国的爱尔兰管理机构中的高级司法官。——151。

菲洛斯特拉特(Philostratos 170 左右—245)——希腊雄辩家、诡辩学派哲学家和作家。——143。

斐迪南七世(Ferdinand VII 1784—1838)——西班牙国王(1808、1814—1833)。——118。

斐迪南四世 ——见费南多四世。

费南多四世(斐迪南四世)(Fernando IV［Ferdinand IV］1285—1312)——卡斯蒂利亚和莱昂国王(1295—1312)。——145。

福琼,罗伯特(Fortune,Robert 1812—1880)——英国植物学家和旅行家。——158。

G

格雷厄姆,詹姆斯·罗伯特·乔治(Graham,James Robert George 1792—1861)——英国国务活动家,辉格党人,后为皮尔分子,议会议员,曾任海军首席大臣(1830—1834 和 1852—1855),内务大臣(1841—1846)。——38、40。

格莱斯顿,威廉·尤尔特(Gladstone,William Ewart 1809—1898)——英国国务活动家,托利党人,后为皮尔分子,19 世纪下半叶是自由党领袖;曾任财政大臣(1852—1855、1859—1866),首相(1868—1874、1880—1885、1886、

1892—1894）。——39—40、97、117。

格兰维尔伯爵,乔治·鲁森-高尔（ Granville, George Leveson-Gower, Earl of 1815—1891）——英国国务活动家,辉格党人,后为自由党领袖;曾任外交大臣（1851—1852、1870—1874、1880—1885）,枢密院院长（1852—1854、1855—1858、1859—1865）,殖民大臣（1868—1870 和 1886）。——40、120。

格雷伯爵,亨利·乔治（Grey, Henry George 1802—1894）——英国国务活动家,辉格党人;曾任军务大臣（1835—1839）,陆军和殖民大臣（1846—1852）。——33、40、116—119、121。

宫慕久——中国清朝官员。1843—1847 年任分巡苏松太兵备道,曾与英国首任驻上海领事乔治·巴富尔商谈上海开埠及西人居留地问题,议定《上海土地章程》。——69。

郭士立,卡尔·弗里德里希·奥古斯特（Gutzlaff, Karl Friedrich August 1803—1851）——德国传教士;1831 年来华,受英国东印度公司派遣,在上海等处贩卖鸦片并进行刺探活动,第一次鸦片战争期间在英国侵略军中任翻译兼情报官,在被英军占领的定海、宁波、镇江当过"民政长官",1849 年返回欧洲,鼓吹使中国基督教化,1851 年死于驻华商务监督任上。其名字在我国有的文献史籍中亦作:郭施拉、郭实腊、郭甲利、郭士兰、古士拉夫或居茨拉夫。——133—134。

H

哈德菲尔德,乔治（Hadfield, George 1787—1879）——英国政治活动家,资产阶级激进主义者,议会议员。——100。

哈蒙德,埃德蒙（Hammond, Edmund 1802—1890）——英国外交家;曾任外交副大臣（1854—1873）。——41。

哈维,弗雷德里克 B.E.（Harvey, Frederick B.E. 死于 1885 年）——英国外交官;1861 年任驻宁波领事,曾助清廷镇压太平军。其名字在我国旧文献史籍中作:夏福礼。——122—124。

哈泽德（Hased）——13 世纪初的印度诗人。——143。

汉特,弗里曼(Hunt,Freeman 1804—1858)——美国政论家,《商人杂志和商业评论》的出版者。——69。

贺布,詹姆斯(Hope,James1808—1881)——英国海军将领;1859年从上海率舰队送英法公使赴北京换约,强行闯入白河,在大沽口遭中国军队的抵抗,受重伤,次年又率舰队北上以图报复,1862年曾协助清军镇压太平军。其名字在我国有的文献史籍中亦作:何伯或何布。——93—94、102、121。

赫伯特,悉尼(Herbert,Sidney 1810—1861)——英国政治活动家,初期是托利党人,后为皮尔分子;曾任海军部秘书长(1841—1845),军务大臣(1845—1846、1852—1855),陆军大臣(1859—1861)。——39。

黑格尔,乔治·威廉·弗里德里希(Hegel,Georg Wilhelm Friedrich 1770—1831)——德国哲学家,德国古典哲学集大成者。——5、134。

亨利,约瑟夫·沃讷(Henley,Joseph Warner 1793—1884)——英国政治活动家,托利党人,曾任商业和交通大臣(1852、1858—1859)。——89。

洪秀全(1814—1864)——太平天国的创始人。——66、139。

怀特赛德,詹姆斯(Whiteside,James 1804—1876)——爱尔兰法学家,托利党人,议会议员。——38。

惠勒(Wheeler)——东印度公司副董事长(1773—1780)。——70。

霍格,詹姆斯·韦尔(Hogg,James Weir 1790—1876)——英国政治活动家,托利党人,后为皮尔分子;议会议员;曾任东印度公司董事长(1846—1847、1852—1853),印度事务督察委员会委员(1858—1872)。——51。

J

吉布森,托马斯·米尔纳(Gibson,Thomas Milner 1806—1884)——英国政治活动家,自由贸易的拥护者,后为自由党人,议会议员;曾任商业大臣(1859—1865、1865—1866)。——97、105。

嘉庆帝(1760—1820)——即爱新觉罗·颙琰,清朝皇帝,1796—1820年在位。——70。

K

卡斯尔雷子爵,亨利·罗伯特·斯图亚特(Castlereagh, Henry Robert Steward, Viscount 1769—1822)——英国政治活动家,托利党人,议会议员;曾任陆军和殖民大臣(1805—1806、1807—1809),外交大臣(1812—1822)。——46。

开普勒,约翰奈斯(Kepler, Johannes 1571—1630)——德国天文学家、数学家、物理学家和自然哲学家,在哥白尼学说的基础上发现了行星运动的规律。——5。

凯,约翰·威廉(Kaye, John William 1814—1876)——英国军事史学家和殖民官员,曾任印度事务部政务机要司秘书(1858—1874),写有印度历史和民族学方面的著作,以及英国在阿富汗和印度进行的殖民战争历史方面的著作。——100。

坎宁,乔治(Canning, George 1770—1827)——英国政治活动家,外交家,托利党领袖,议会议员;印度事务督察委员会委员;曾任外交大臣(1807—1809、1822—1827),首相(1827)。——77、118—119。

科布顿,理查(Cobden, Richard 1804—1865)——英国工厂主,自由党人,自由贸易的拥护者,反谷物法同盟创始人,议会议员(1841—1864)。——28、33、38、43。

克拉伦登伯爵,乔治·威廉·弗雷德里克·维利尔斯(Clarendon, George William Frederick Villiers, Earl of 1800—1870)——英国国务活动家,外交家,辉格党人,后为自由党人;曾任爱尔兰总督(1847—1852),曾镇压爱尔兰1848年起义;外交大臣(1853—1858、1865—1866、1868—1870)。——41、51。

克兰沃思男爵,罗伯特·蒙西·罗尔夫(Cranworth, Robert Monsey Rolfe, Baron 1790—1868)——英国国务活动家和法学家,辉格党人;曾任大法官(1852—1858、1865—1866)。——28。

克提西阿斯(Ctesias 公元前5世纪中叶—公元前4世纪初)——古希腊历史学家和医生,写有关于古代印度和波斯历史方面的著作。——143。

库克,乔治·温格罗夫(Cooke, George Wingrove 1814—1865)——英国历史学家和新闻工作者,自由党人;1857年为《泰晤士报》驻中国通讯员。——76、78、89。

孔代,何塞·安东尼奥(Conde, José Antonio 1765—1820)——西班牙历史学家,阿拉伯语文学家,写有关于阿拉伯人统治西班牙的历史著作。——144。

L

拉布谢尔,亨利(Labouchere, Henry 1798—1869)——英国国务活动家,辉格党人;曾任商业大臣(1839—1841、1847—1852),殖民大臣(1855—1858)。——45。

李比希,尤斯图斯(Liebig, Justus 1803—1873)——德国化学家,农业化学的创始人。——63。

理查三世(Richard III 1452—1485)——英国国王(1483—1485)。——42。

林德赫斯特男爵,约翰·辛格尔顿·科普利(Lyndhurst, John Singleton Copley, Baron 1772—1863)——英国国务活动家,法学家,托利党人,议会议员;曾任大法官(1827—1830、1834—1835和1841—1846)。——28—29、32—33。

林则徐(1785—1850)——清朝官员,1839年被任命为两广总督和负责查禁鸦片贸易的钦差大臣。——73。

娄,罗伯特(鲍勃)(Lowe, Robert 1811—1892)——英国国务活动家和政论家,《泰晤士报》的撰稿人;辉格党人,后为自由党人,议会议员;曾任印度事务督察委员会委员(1853—1855),财政大臣(1855—1858和1868—1873),内务大臣(1873—1874)。——45。

路特希尔德家族(Rothschilds)——欧洲大金融家族,在法、英、奥各国设有银行,并在这些国家的财政经济中拥有很大势力。亦译:洛希尔家族。——14。

路易,波拿巴——见拿破仑第三。

罗巴克,约翰·阿瑟(Roebuck, John Arthur 1801—1879)——英国政治活动家和政论家,资产阶级激进主义者,议会议员;1855年为克里木英军状况调查委员会主席。——39。

罗伯逊,丹尼尔·布鲁克爵士(Robertson,Sir Daniel Brooke 死于 1881 年)——
英国外交官;曾任驻厦门领事(1853),驻上海领事(1854—1858),驻广州
领事(1858—1876)。——18。

罗素,约翰(Russell, John 1792—1878)——英国国务活动家,辉格党领袖,议
会议员;曾任内务大臣(1835—1839),陆军和殖民大臣(1839—1842),首
相(1846—1852、1865—1866),外交大臣(1852—1853、1859—1865),枢密
院院长(1854—1855);1855 年作为英国代表参加维也纳会议。——28、
36、38、40、97。

M

马丁,罗伯特·蒙哥马利(Martin,Robert Montgomery 1803—1868)——英国历
史学家和统计学家;曾到东方旅行。——68—69。

马尔格雷夫伯爵,乔治·奥古斯塔斯·菲普斯(Mulgrave, George Augustus
Phipps,Earl of 1819—1890)——英国国务活动家,辉格党人,议会议员;曾
任王室司库(1853—1858),后历任英国殖民地的总督。——45。

马可·格雷克(格拉古)(Marcus Graecus)——中世纪拜占庭炼金术士。
——144。

马姆兹伯里伯爵,詹姆斯·霍华德·哈里斯(Malmesbury,James Howard Har-
ris,Earl of 1807—1889)——英国政治活动家,托利党人,19 世纪下半叶为
保守党人;曾任外交大臣(1852、1858—1859)、掌玺大臣(1866—1868 和
1874—1876)。——40、106、108—109。

麦格雷戈,约翰(MacGregor,John 1797—1857)——英国统计学家和历史学
家,自由贸易派,议会议员,英国皇家银行的创办人,并为该行董事之一
(1849—1856);在统计学方面著作甚多。——84。

曼德维尔,约翰(Mandeville,John 1300 左右—1372)——比利时游历作家,编
写了许多关于周游世界的故事。——149。

梅特涅,克莱门斯(Metternich, Clemens 1773—1859)——奥地利国务活动家和外交家,曾任外交大臣(1809—1821),首相(1821—1848),神圣同盟的组织者之一。——132。

蒙克里夫,詹姆斯(Moncreiff, James 1811—1895)——英国律师,议会议员;曾任苏格兰检察长(1851—1852、1852—1858、1859—1866、1868—1869)。——38。

米格尔,唐(Miguel, Dom 1802—1866)——葡萄牙国王(1828—1834)。——118。

米切尔(Mitchell)——英国驻广州代办。——112—114。

穆罕默德(Muhammad 570左右—632)——伊斯兰教创始人。——144。

穆拉维约夫,尼古拉·尼古拉耶维奇(Муравьёв, Николай Николаевич 1809—1881)——俄国国务活动家;1847—1861年任东西伯利亚总督期间多次武装入侵中国,1858年以特使身份来华,胁迫黑龙江将军奕山签订不平等的中俄瑷珲条约,因侵吞大片中国领土"有功",被沙皇封为"阿穆尔河(黑龙江)伯爵"。其名字在我国旧文献史籍中作:穆拉岳福、慕喇约甫、木哩斐岳幅、木喇斐岳幅或木喇福岳福。——99。

N

拿破仑第一(拿破仑·波拿巴)(Napoléon I, Napoléon Bonaparte 1769—1821)——法国皇帝(1804—1814、1815)。——77、130、132。

拿破仑第三(路易-拿破仑,波拿巴)(Napoléon III, Louis-Napoléon Bonaparte 1808—1873)——拿破仑第一的侄子,法兰西第三共和国总统(1848—1851),法国皇帝(1852—1870)。——15、35—36、46—47、97、116—117、121。

尼古拉一世(Николай I 1796—1855)——俄国皇帝(1825—1855)。——86、101。

牛顿,伊萨克(Newton, Isaac 1642—1727)——英国物理学家,天文学家和数学家,经典力学的创始人。——5。

纽卡斯尔公爵,亨利·佩勒姆·法因斯·佩勒姆·克林顿(Newcastle, Henry Pelham Fiennes Pelham Clinton, Duke of 1811—1864)——英国政治活动家,皮尔分子,曾任爱尔兰事务大臣(1846),陆军和殖民大臣(1852—1854),陆军大臣(1854—1855),殖民大臣(1859—1864)。——40、118—120。

纽马奇,威廉(Newmarch, William 1820—1882)——英国经济学家和统计学家,自由贸易的拥护者。——165。

诺兰,刘易斯·爱德华(Nolan, Lewis Edward 1818—1854)——英国军官,在印度服役,曾参加克里木战争,著有骑兵方面的书。——61。

P

帕尔默,威廉(Palmer, William 1824—1856)——英国医生,为谋取保险赔偿费而毒死自己的妻子、兄弟和朋友,被判处绞刑。——69。

帕拉韦,沙尔·伊波利特·德(Paravey, Charles Hippolyte de 1787—1871)——法国工程师和东方学家。——143。

帕金顿,约翰·萨默塞特,汉普顿男爵(Pakington, John Somerset Baron Hampton 1799—1880)——英国政治活动家,托利党人,19世纪下半叶为保守党人;曾任陆军和殖民大臣(1852),海军首席大臣(1858—1859、1866—1867),陆军大臣(1867—1868)。——39。

帕麦斯顿子爵,亨利·约翰·坦普尔(Palmerston, Henry John Temple, Viscount 1784—1865)——英国国务活动家,初为托利党人,1830年起为辉格党领袖,依靠该党右派;曾任军务大臣(1809—1828),曾任外交大臣(1830—1834、1835—1841、1846—1851),内务大臣(1852—1855)和首相(1855—1858、1859—1865)。其名字在我国旧文献史籍中作:巴麦尊。——28、33—37、39—47、51、81—82、86、94—101、105—109、116—120、142、147—148。

佩德罗一世(Pedro I 1798—1834)——巴西皇帝(1822—1831);葡萄牙国王,称佩德罗四世(1826),后把葡萄牙王位让给其女玛丽亚二世·达·格洛丽亚。——118。

培根,罗吉尔(Bacon, Roger 1214左右—1294)——英国哲学家和自然科学家,科学上实验方法的拥护者;圣芳济教派教士。——144。

皮尔,罗伯特(Peel,Robert 1788—1850)——英国国务活动家和经济学家,托
利党温和派(皮尔派)的领袖;曾任内务大臣(1822 — 1827 和 1828 —
1830),首相(1834—1835、1841 — 1846);1844 年和 1845 年银行法的改革
人;1846 年在自由党人支持下废除了谷物法。——36、39、97—98、142。

皮特(小皮特),威廉(Pitt,William the Younger 1759—1806)——英国国务活
动家,托利党领袖之一;反对 18 世纪末法国资产阶级革命的战争的主要策
划者之一;1781 年起为议会议员,曾任财政大臣(1782 — 1783)和首相
(1783—1801 和 1804—1806)。——118—119。

平达(Pindar 约公元前 522—442)——古希腊抒情诗人,写有一些瑰丽的颂
诗。——42—43。

璞鼎查,亨利爵士(Pottinger,Sir Henry 1789—1856)——英国外交官和将军,
1841—1842 年任驻华公使,1842 年第一次鸦片战争时期任英军司令,1843
年任香港总督,1847—1854 年任马德拉斯总督。——57、75、112。

普鲁斯,弗雷德里克·威廉·阿道夫(Bruce,Frederick William Adolf 1814—
1867)——英国殖民官和外交官;额尔金伯爵之弟,1858—1865 年为英国驻
华公使。其名字在我国旧文献史籍中亦作:卜鲁斯。——93—95、98、103、
106、108、122。

Q

乔治二世(George II 1683 — 1760)——英国国王和汉诺威选帝侯(1727 —
1760)。——148。

S

塞西杰,弗雷德里克,切尔姆斯福德男爵(Thesiger,Frederick,Baron Chelms-
ford 1794—1878)——英国国务活动家,托利党人;1840 年起为议会议员,
曾任首席检察官(1845 — 1846 和 1852),大法官(1858 — 1859、1866 —
1868)。——39。

舍夫茨别利伯爵,安东尼·阿什利·库珀(Shaftesbury,Anthony Ashley Cooper, Earl of 1801—1885)——英国政治活动家,40 年代为议会中托利党人慈善家集团领袖,1847 年起为辉格党人,议会议员,低教会派的拥护者,1855 年为克里木英军医疗状况调查委员会主席;帕麦斯顿的女婿。——42。

斯坦利,爱德华·乔治·杰弗里·斯密斯,德比伯爵(Stanley,Edward George Geoffrey Smith,Earl of Derby 1799—1869)——英国政治活动家,托利党领袖,19 世纪下半叶为保守党领袖;曾任殖民大臣和陆军大臣(1833—1834 和 1841—1845),内阁首相(1852、1858—1859、1866—1868)。——28—31、33、36、40、46、97—98、100、109、121。

斯坦利,爱德华·亨利,德比伯爵(Stanley,Edward Henry,Earl of Derby 1826—1893)——前者之子,英国政治活动家,托利党人,60—70 年代为保守党人,后为自由党人,议会议员;曾任外交副大臣(1852),殖民大臣(1858—1859、1882—1885),印度事务督察委员会主席和印度事务大臣(1858—1859),外交大臣(1866—1868、1874—1878)。——151。

斯特劳本齐——见范斯特劳本齐,查理·托马斯。

斯特普尔顿(Stapleton)——英国政治活动家,保守党人,议会议员。——156。

苏拉(鲁齐乌斯·科尔奈利乌斯·苏拉)(Lucius Cornelius Sulla 公元前 138—78)——罗马统帅和国务活动家,曾为执政官(公元前 88)和独裁者(公元前 82—79)。——121。

W

王茂荫(1798—1865)——中国清朝官员,1853 年任户部右侍郎兼管钱法堂事务;曾提出将官票宝钞兑现的主张;《条议钞法析》和《论行大钱析》等著作的作者。——154。

威尔逊,霍拉斯·海曼(Wilson,Horace Hayman 1786—1860)——英国东方学家,曾研究医学和化学,写有关于梵文和梵文文学的著作。——143。

威尔逊,詹姆斯(Wilson,James 1805—1860)——英国经济学家和政治活动家,议会议员(1847—1859),自由贸易论者;《经济学家》杂志的创办人和编辑;曾任财政大臣(1853—1858),印度财务大臣(1859—1860);货币数量论的反对者。——75、103、165。

威廉斯,威廉·芬威克,卡尔斯从男爵(Williams,William Fenwick,Baronet of Kars 1800—1883)——英国将军;1855年在克里木战争中指挥卡尔斯保卫战,后投降俄国军队;议会议员(1856—1859)。——39。

维特凯维奇,伊万·维克多罗维奇(Виткевич Иван Викторович,死于1839年)——俄国军官,驻阿富汗外交代表(1837—1838)。——101。

文翰,赛米尔·乔治(Bonham,Samuel George 1803—1863)——英国殖民官员;1847—1852年任香港总督兼驻华全权公使和中国商务监督,1853年曾访问太平天国国都天京(南京),试探太平军的对外政策。——25、53、112。

沃克,威廉(Walker,William 1824—1860)——美国冒险家;多次在中美洲进行冒险活动,1856年自封为尼加拉瓜总统,1860年对洪都拉斯进行冒险远征时为当地政府所捕获,被处决。——26。

沃森,亨利(Watson,Henry 1737—1786)——英国工程师,上校,1764年起在东印度公司供职,在孟加拉任总工程师。——70。

X

西德茅斯子爵,亨利·阿丁顿(Sidmouth,Henry Addington,Viscount 1757—1844)——英国国务活动家,托利党人;曾任首相兼财政大臣(1801—1804),掌玺大臣(1806—1807),内务大臣(1812—1821)。——46。

西马縻各厘(Seymour,Michael 1802—1887)——英国海军将领,1854—1856年参加克里木战争,第二次鸦片战争期间(1856—1858)任海军司令,其间曾率英军攻占虎门炮台及广州,随后又率舰队北上攻占大沽炮台。——21—26、41、45、53、107—108。

夏福礼——见哈维,弗雷德里克 B.E.。

咸丰帝(1831—1861)——即爱新觉罗,奕詝,清朝皇帝,1850—1861年在位。——7、12、59、66、72、83、88—89、98、120、139。

徐广缙(1786—1858) ——清朝官员;1848—1852 年任两广总督。——25。

许乃济(1777—1839) ——中国清朝官员,1834 年任广东按察使,1836 年任太常寺少卿,主张弛禁鸦片,遭到禁烟派的抨击,后被革职。——72。

Y

亚历山大,纳撒尼尔(Alexander,Nathaniel) ——英国商人,商行经理,19 世纪上半叶从事印度贸易。——163。

亚历山大二世(Александр II 1818 — 1881)——俄国皇帝(1855 — 1881)。——117。

亚历山大三世,亚历山大大帝(Alexander III, Alexander the Great 公元前 356—323)——古代著名的统帅,马其顿王(公元前 336—323);横跨马其顿到印度的世界帝国的缔造者;曾从师于亚里士多德。——143。

叶卡捷琳娜二世(Екатерина II 1729—1796) ——俄国女皇(1762—1796)。——48。

叶名琛(1807—1859) ——清朝官员;1848 年起任广东巡抚,1852—1858 年任两广总督,1858 年底广州陷落,被英军俘虏,送往印度,1859 年 4 月殁于加尔各答。——22—26、33、41、53、88。

责任编辑：孔　欢

编辑助理：余　雪　高华梓

装帧设计：肖　辉　周方亚

责任校对：胡　佳

图书在版编目（CIP）数据

马克思恩格斯论中国/马克思,恩格斯著;中共中央马克思恩格斯列宁斯大林著作
　编译局编译. —北京:人民出版社,2018.3
（马克思诞辰200周年纪念特辑）
ISBN 978－7－01－018997－0

Ⅰ.①马…　Ⅱ.①马…　②恩…　③中…　Ⅲ.①马列著作-马克思主义　Ⅳ.①A164

中国版本图书馆 CIP 数据核字（2018）第 036635 号

书　　　名　**马克思恩格斯论中国**
　　　　　　MAKESI ENGESI LUN ZHONGGUO

编　译　者　中共中央马克思恩格斯列宁斯大林著作编译局

出版发行　人民出版社
　　　　　　（北京市东城区隆福寺街 99 号　　邮编　100706）

邮购电话　（010）65250042　　65289539

经　　　销　新华书店

印　　　刷　北京中科印刷有限公司

版　　　次　2018 年 3 月第 1 版　　2018 年 3 月北京第 1 次印刷

开　　　本　787 毫米×1092 毫米 1/16

印　　　张　15

插　　　页　4

字　　　数　181 千字

印　　　数　00,001－20,000 册

书　　　号　ISBN 978－7－01－018997－0

定　　　价　42.00 元